심영순의
사 계 절
우 리 밥 상

심영순의
사 계 절
우리밥상

최고의 대가가 알려주는 제대로 된 한식 만들기

심영순 지음

INFLUENTIAL
인플루엔셜

이 책을 펴내며

하루하루 바쁜 사람들이 많습니다. 미처 요리에까지 신경을 쓰지 못합니다. 시켜먹고 시간을 벌라는 광고가 나옵니다. 밥과 국을 배달해주는 서비스도 있습니다. 묘하게도 저는 이런 풍경을 보며 누구나 맛있는 밥과 반찬이 어우러진 '잘 차려진 한 끼'에 대한 욕구가 있음을 새삼 느끼게 됩니다.

'잘 차려진 한 끼'는 단순히 먹는 일 이상일 겁니다. 고픈 배를 채우기 위해서라면 얼마든지 간단한 방법이 많으니까요. 먹고 사는 일은 우리 삶의 질과 관련 있습니다. 어떤 음식을 누구와 어떻게 먹느냐에 따라 우리의 경험이 달라지고 인생이 달라지니까요. 그렇기에 저는 자주 말합니다. 상차림을 소홀히 하지 말라고, 인생의 행복은 밥상에서 이루어진다고요.

점점 먹는 것과 삶의 가치를 연결시키는 문화가 자리 잡는 것 같습니다. 혼자 먹어도 잘 차려진 한 상을 원하는 것은 스스로를 대접함으로서 자신의 가치를 높이고 존중하는 일이라 볼 수 있습니다. 그러니 '더 빨리, 더 쉽게'도 좋지만 제대로 된 맛을 찾는 조리법에 집중해볼 필요가 있습니다. 그래서 이 책을 집필하게 되었습니다.

사람들은 내 요리를 복잡하다고 합니다. 식재료마다 특징에 알맞은 조리법과 영양을 파괴하지 않기 위한 과정을 고수하기 때문입니다. 모든 일에는 익숙해지는 과정이 필요합니다. 청소도 어쩌다 하려면 힘들고 오래 걸리지만, 자주하면 금세 깨끗이 치울 수 있지요. 요리도 자주하면 기본 재료와 양념을 갖추게 되고, 쉽고 빨라지는 것을 경험하게 됩니다. '요리의 비밀'을 깨우치는 셈이지요.

그렇다 해도 밥상 차리는 것을 어려워하는 이들이 있습니다. 그래서 이 책은 원칙을 중시하고, 우리 식문화의 전통을 고수하고자 하는 나의 의지를 어느 정도 내려놓고 집필했습니다. 누구나 쉽게 접근할 수 있도록 다음 세대의 취향을 고려한 제안도 받아들였습니다. 그리운 '할머니의 맛', '어머니의 맛'이 대를 이어 전달되도록 신경 썼습니다. 그런 만큼 이 책을 통해 한식의 기본을 갖출 수 있게 될 것입니다. 요리를 하면 삶이 바뀝니다. 나 그리고 가족을 위해 건강한 밥상, 행복한 밥상, 가치가 있는 밥상을 차리는 데 이 책이 도움이 되기를 바랍니다.

차례

이 책을 펴내며 4
이 책을 먼저 만나본 옥수동 제자들의 추천사 10
요리를 시작하며 11

1
물려받고 싶은 고수의 기본기

한식의 기본, 밥 짓기

밥 짓기 기본기 16
용기별 밥 짓기 18
곡물별 밥 짓기 19

간장양념 32
자연양념 34
고춧가루양념 37
더 알면 좋은 양념 40
더 알면 좋은 밑재료 42

요리의 맛이 좋아지는
맛 보장 육수와 자연양념

맛 보장 육수 26
소금양념 30

요리가 빨라지는 재료 손질법

요리와 어울리는 기본 썰기와 쓰임새 46
요리와 어울리는 재료별 손질법 48

2
꼭 익히고 싶은 사계절 우리 밥상

몸을 깨우는 봄 밥상

해물쑥국과 더덕고추장구이 밥상
마와 해물쑥국 59 | 더덕고추장구이 60 |
미나리무침 61 | 콩자반 61

주꾸미볶음과 소고기미역국 밥상
소고기미역국 63 | 주꾸미볶음 64 | 달걀찜 65 |
달래더덕무침 65

조개쑥국과 돼지고기구이 밥상
돼지고기구이 68 | 조개쑥국 69 | 취나물들깨
볶음 69

두릅나물과 차돌된장찌개 밥상
차돌된장찌개 71 | 삼치조림 72 | 두릅나물 73 |
깻잎순절임무침 73

방풍나물과 소불고기 밥상
두부콩나물국 75 | 소불고기 76 | 방풍나물무침 77 |
상추쌈과 달걀쌈장 77

봄나물 장아찌와 청국장 밥상
청국장찌개 80 | 달래무침 81

보양 잉어찜 밥상
잉어찜 83

봄 별미 비빔밥 밥상
비빔밥 86 | 아욱국 87 | 화전 87

봄 별미 잔치국수 밥상
잔치국수 90 | 콩찰편 91 |

봄 별미 해물과 봄나물전골 밥상
해물과 봄나물전골 93

활력 넘치는 여름 밥상

깻잎순나물과 호박전 밥상
호박전 97 | 콩나물김치국 98 | 깻잎순나물 99 |
무나물 99

열무김치와 닭고기냉채 밥상
닭고기냉채 101 | 배춧국 102 | 멸치볶음 103 |
약고추장 103

차돌박이와 꽈리고추 풋조림 밥상
차돌박이 꽈리고추 풋조림 106 | 버섯국 107 |
통통가지무침 107

두부찜과 고등어김치찌개 밥상
두부찜 109 | 고등어김치찌개 110 | 쑥갓나물 111 |
삶은명란젓무침 111

새우젓호박국과 양념장어조림 밥상
새우젓호박국 113 | 양념장어조림 114 | 연근조림
115 | 도라지무침 115

메밀국수와 초계탕 밥상
초계탕 117

김치녹두전과 도토리묵밥 밥상
도토리묵밥 120 | 김치녹두전 121

여름 별미 종자냉국수 밥상
종자냉국수 123

여름 별미 갈비탕 밥상
갈비탕 125

여름 별미 계반 밥상
계반 128 | 과일샐러드 129 | 알로에셰이크 129

풍요로운 가을 밥상

육전과 우거지찌개 밥상
우거지찌개 134 | 육전 135 | 호박새우젓볶음 135

감자찌개와 떡갈비 밥상
떡갈비 138 | 감자찌개 139 | 오이뚝뚝이 139

홍합초와 보양추어탕 밥상
보양추어탕 142 | 홍합초 143 | 김실파무침 143

소고기파국과 두부조림 밥상
두부조림 146 | 소고기파국 147 | 돌미나리무침 147

시금치된장국과 돼지고기김치찜 밥상
죽순밥 149 | 돼지고기김치찜 150 | 시금치된장국 150 | 홍새우볶음 151 | 마늘쫑조림 151

삼색나물과 갈비찜조림 밥상
갈비찜조림 154 | 소고기무탕국 155 | 삼색나물(고사리, 도라지, 시금치나물) 156, 157 | 송편 157

도미생선홍찜 밥상
도미생선홍찜 159

가을 별미 호박죽 밥상
호박죽 162 | 두텁경단 163

가을 별미 곤드레밥 밥상
곤드레밥 166 | 꽁치구이 167 | 호박나물 167

가을 별미 궁중떡볶이 밥상
궁중떡볶이 170 | 갖은전골 171

몸을 보하는 겨울 밥상

맑은호박두부국과 대하구이 밥상
대하구이 176 | 맑은호박두부국 177 |

뱅어포구이 177

굴구이와 콩나물밥 밥상
콩나물밥 180 | 굴구이 181 | 감자국 181

새우전과 육개장 밥상
육개장 184 | 새우전 185 | 우엉채조림 185

황탯국과 꼬막무침 밥상
장조림 188 | 황탯국 189 | 꼬막무침 189

순두부찌개와 편육깻잎쌈 밥상
편육깻잎쌈 192 | 숙주나물 193 | 순두부찌개 193

묵은나물과 오곡밥 밥상
묵은나물 196 | 호두견과류조림 197

고기콩쌈장과 두부양배추쌈 밥상
두부양배추쌈 199 | 고기콩쌈장 199

겨울 별미 김치밥 밥상
김치밥 201

겨울 별미 대추밤죽 밥상
대추밤죽 203

겨울 별미 단팥죽 밥상
단팥죽 206 | 녹두현미견과류떡 207

특별한 날을 위한 밥상

아이 생일 밥상
달걀말이밥 212 | 닭봉조림 213

어버이날 밥상
가지튀김무침 216 | 갈치구이무조림 217

크리스마스 뷔페
대하냉채 220 | 잡채 221 | 소고기찹쌀구이와 오이겉절이 222 | 갖은월과채 223

피크닉도시락 224

3
좀 더 욕심내보는 건강한 우리 발효음식

밥상의 천연 유산균, 김치

겉절이
배추겉절이 230 | 무말랭이겉절이 231

김치
배추김치 232 | 열무김치 234 | 고들빼기김치 235 |
부추김치 236 | 총각김치 237 | 깍두기 238 |
아이깍두기 239 | 섞박지 240 | 갓김치 241 |
오이김치 242 | 가지소박이 243

물김치
열무물김치 244 | 백김치 245 | 오이소박이물김치
246 | 총각무물김치 247 | 간편동치미 248 |
맑은홍백김치 249 | 나박김치 250 | 고추물김치 251

그 외 다양한 김치
장김치 252 | 수박김치 253 | 백보쌈김치 254

입맛 살리는 장아찌와 젓갈

장아찌
깻잎장아찌 258 | 마늘장아찌 259 | 두릅장아찌
260 | 곰취장아찌 261 | 매실장아찌 262

젓갈
생새우젓갈(새우육젓) 263 | 조개젓갈 264 |
멍게젓갈 265

밥상에 건강을 더하는 장

집간장 268 | 된장 268 | 호박장 269 | 간편어육장
269 | 고추장 270 | 더덕고추장 270

권말부록

시간과 건강을 동시에 챙기는 식단 짜기 비법 274

심영순의 사계절 우리밥상 차림표 280

심영순이 즐겨 쓰는 조리 도구 & 요리 양념 285

찾아보기 288

이 책을 먼저 만나본 옥수동 제자들의 추천사

한식은 한식다워야 한다는 심영순 선생님의 가르침대로 음식을 만들고 있습니다. 늘 새로운 한식 메뉴 개발을 위해 노력하시는 선생님의 모습이 제게 가르침을 줍니다. 이 책을 읽는 독자들도 저처럼 선생님의 좋은 기운을 받았으면 합니다. _이미덕(한정식 '가화' 대표)

심영순 선생님의 요리는 재료 선정과 손질부터 사랑이 담겨 있습니다. 요리뿐 아니라 삶의 자세까지 가르쳐주어 늘 푸근하고 따뜻합니다. 이 책을 통해 어머니 같은 선생님의 손길을 경험하길 바랍니다.
_김진숙(한정식 '다화당' 대표)

제 부엌이, 제 요리가, 저와 제 가족의 삶이 바뀌었습니다. 워킹맘인 제가 가족을 위해 매일 도시락을 싸게 되었습니다. 많은 분이 이 책을 통해 요리와 함께 건강한 삶까지도 얻게 되길 바랍니다.
_고미승(여의도 갈루아해법학원 원장)

이제는 더 많은 분이 이 책을 통해 선생님의 요리와 나누는 즐거움을 함께 배우기를 바랍니다.
_김석영(한정식 '호남각' 운영)

저는 물론 시집 간 제 딸까지 2대가 선생님께 요리를 배우고 있습니다. 이제는 손자들까지 선생님께 요리를 배우게 하고 싶은 마음입니다. 선생님의 레시피를 누구나 접할 수 있게 책으로 나온다니 정말 반갑습니다. 딸에게도 손자들에게도 선물하겠습니다. _위혜영(연구원 수강생)

음식의 맛과 가족의 건강을 위해 수고를 마다하지 않는 선생님을 볼 때마다 저도 에너지를 받습니다. 어떻게 저런 요리를 만들까 늘 놀라웠는데, 두고두고 볼 수 있는 책으로 나오네요. 닮고 싶은 선생님의 요리 솜씨가 이 책에 고대로 담겨 있습니다. _이인숙(연구원 수강생)

새댁이었을 때부터 큰아이가 군대를 간 지금까지, 26년간 선생님께 요리를 배우고 있습니다. 그중 핵심만 뽑아 책으로 펴낸다니, 우리의 밥상을 더 풍성하게 해주는 귀한 양념 같은 책이 되리라고 생각합니다.
_김연성(연구원 수강생)

선생님의 요리는 몸과 마음에 힘찬 위안을 줍니다. 오늘은 또 어떤 위안을 받게 될까, 설레는 마음으로 매번 선생님의 요리를 만나러 갔는데, 이제는 집에서도 그 요리를 만날 수 있게 되었네요.
_김은민(연구원 수강생)

선생님의 요리는 옛것을 전수하는 데 그치지 않고 먹는 사람을 향한 공경과 배려, 나아가 다음 세대를 위한 고민이 담겨 있습니다. '음식은 사랑'이라는 선생님의 말씀을 생각해보면, 이 책은 한식을 사랑하는 모든 이에게 보내는 선생님의 러브레터라고 할 수 있습니다. _윤철현(연구원 수강생)

오이도 못 썰던 제가 선생님께 요리를 배운 지 10년이 되었습니다. 지나고 보니 선생님께 배운 것이 요리만은 아니더군요. 사랑하는 사람을 위해 정성껏 요리를 짓는 마음. 이 책에서도 그 마음을 느낄 수가 있습니다. _문성희(연구원 수강생)

요리를 시작하며

요리란 하면 할수록 심오합니다. 어떤 재료를 쓰느냐, 어떻게 조리하느냐, 누구를 위해 만드느냐에 따라 맛이 천차만별 달라집니다. 그래서 이 나이에도 매일매일 새로운 레시피 연구를 게을리 하지 않고 있습니다. 제게 요리란 공부의 연속이며 인생의 연속입니다. 제 요리 인생 50년이 그랬고, 앞으로 남을 인생도 그렇습니다.

특히 한 상에 밥과 반찬이 어우러져야 하는 한식은 계절마다 재료에 따라 다양한 차림이 무궁무진합니다. 같은 밥상이라도 다양하게 변주가 가능합니다. 한식은 영감과 열정을 줍니다. 그래서 제가 더 한식을 사랑하는지도 모르겠습니다.

요즘 단품요리를 위주로 해서 상차림을 생략하는 경우가 많은 것 같은데, 안타까운 마음이 듭니다. 우리 밥상은 기본적으로 밥과 반찬이 함께 있어야 합니다. 골고루 먹고 골고루 영양을 섭취하기에 정말 좋은 방식이지요. 여러 맛을 느낄 수 있는 즐거움도 가득합니다. 다만 여러 가지 음식을 함께 내기에 차림의 '궁합'이 중요합니다. 어떻게 상차림을 하느냐에 따라 함께 낸 음식들이 상승효과를 내기도 하고, 외려 건강에 해를 끼치기도 하니까요.

음식의 궁합도 맞추면서 한식을 맛있게 하는 방법 중 하나가 바로 제철 재료를 이용하는 것입니다. 지금이야 계절과 상관없이 식재료를 구할 수 있지만, 그럼에도 제철 음식을 먹어야 하는 데는 이유가 있습니다. 우리의 신체적 밸런스가 계절에 따라 달라지고, 그에 따라 필요한 영양소가 다르기 때문입니다. 그래서 절기 음식이 생겨난 것이지요. 때문에 각 계절에 맞게 밥상을 차려보는 것이 한식 요리를 이해하는 가장 좋은 방법입니다. 사계절 요리를 익혀두면 냄새부터 다른 밥상이 만들어지지요.

계절 밥상으로 들어가기 전에, 한식의 가장 기본은 '밥 짓기'이므로 맛있는 밥을 짓는 법부터 시작하겠습니다. 우리의 오랜 전통이자 기본 찬에 속하는 장과 김치 같은 발효음식 만들기도 빼놓을 수는 없지요. 이제 저와 함께 맛있는 밥에 각 계절에 나는 식재료와 우리의 전통 발효 음식이 조화를 이루는 밥상을 차려보면 어떨까요? 건강은 기본이요, 마음까지 풍요로워질 것입니다.

2018년 2월 심영순

1

물려받고 싶은
고수의 기본기

1장

한식의 기본, 밥 짓기

한식의 기본은 밥과 찬입니다. 특히 밥은 우리 밥상의 주인공입니다. 제가 운영하는 연구원에서 가장 처음 배우는 내용도 밥 짓기입니다. 반찬을 먹기 위해 밥이 있는 것이 아니라 밥을 먹기 위해서 반찬이 있는 것이지요. 밥맛을 돋우는 것이 바로 찬들의 역할입니다. 우리말로 요리는 보통 '만든다'고 하는 반면에 밥은 '짓는다'라고 하는 데에는 다 이유가 있는 법입니다.

'밥' 하면 흔히 흰쌀밥을 떠올릴 텐데요, 생각보다 밥의 종류가 많습니다. 곡물의 도정 상태에 따라, 곡물의 수확 시기에 따라, 어떤 용기에 밥을 짓느냐에 따라 맛도 영양도 달라지고요. 하지만 우리 대부분은 무심하게 넘어가곤 합니다. 조리법이 간단해서 신경 쓰지 않거나 간단해서 더욱 어렵기 때문이지요. 하지만 조금만 더 신경 쓴다면 더욱 맛있는 밥맛을 즐길 수 있습니다.

쌀을 미리 불려두기만 하면 금세 지을 수 있는 따뜻한 밥. 이제부터 그 밥 짓기의 노하우를 소개할 테니 한번 따라 해보세요.

> 밥 짓기 기본기
> 용기별 밥 짓기
> 곡물별 밥 짓기

밥 짓기 기본기

맛있는 밥을 짓기 위해서는 다음 세 가지를 잘 지켜야 합니다. 쌀 불리기, 밥 물 양 맞추기, 조리 용기에 따른 불 조절하기. 햇곡식은 짧게, 묵은 곡식은 더 오래 불리고, 도정 정도와 곡물의 특성에 따라 불리는 시간과 물의 양도 조절해야 하지요. 불은 강에서 약으로 줄이는 시점만 잘 알면 밥 짓기가 밥 먹듯 쉬워진답니다.

쌀 씻기

- 쌀을 씻을 때, 쌀에 닿는 첫 물은 쌀 안으로 잘 흡수되기 때문에 정수된 깨끗한 물을 사용한다.
- 쌀을 많이 문지르지 않고, 손가락 사이로 훑으며 3~4번 재빨리 씻어낸 후 불린다. 쌀을 많이 문지르면 문지를수록 영양분이 다 없어지므로 최대한 재빨리 씻어내는 것이 중요하다.
- 쌀을 불린 뒤에 씻게 되면 쌀의 배아가 다 떨어져 나가 고소한 밥맛이 다 사라지므로 반드시 씻은 뒤 불리고, 불린 물을 사용해 밥을 짓는다.

쌀 불리기

- 보통 햅쌀은 30분, 묵은 흰쌀은 1시간 정도 불린다.
- 현미는 6~8시간 물에 불린 후 체에 밭쳐 물기를 제거한다.
- 현미로만 밥을 지을 경우에는 현미와 현미찹쌀을 2:1 비율로 섞어 불렸다가 밥을 하면 너무 거칠지 않은 현미밥이 된다.

*검은콩은 6시간, 햇콩도 6시간, 묵은콩은 12시간 정도 불리는 것이 적당해요.

미리 쌀 불리기

- 불린 쌀을 체에 밭쳐 물기를 뺀 후 밀폐용기에 넣어 냉장고에 보관하면 약 2일 정도까지는 사용해도 된다.

불린 쌀과 물의 양

- 평균적으로 밥을 지을 때 쌀과 물의 양은 1:1⅓ 비율이 좋다.

*예를 들어 불린 쌀 1컵과 물 1컵 정도로 밥을 지으면 알맞아요.

- 쌀의 불린 정도, 수분 함량, 불의 세기, 시간 등에 따라 필요한 밥물의 양이 다를 수 있으므로 각자의 주방에서 불리는 정도와 물의 양,

쌀을 손가락 사이로 훑으며 3~4번 재빨리 씻어낸 후 불리면 돼요.

밥물은 손등으로 가늠하는데, 손가락 부분에 자작한 정도로 물양을 잡으면 돼요.

불의 세기 등을 조절하는 것이 좋다.
- 각각 불려놓은 잡곡과 쌀을 섞어 밥을 지을 때는 쌀과 잡곡의 비율은 8(쌀):2(잡곡)가 가장 무난하다.

끓이기

- 밥 짓기는 센 불→중불→약불로 끓이는 것이 기본이지만 쌀의 양에 따라 달라질 수도 있다. 쌀의 양이 많은 경우에는(5인분 이상) 처음부터 센 불에 끓이고, 양이 적은 경우에는 센 중불 정도에서 끓이기 시작하는 것이 좋다.
- * 양이 많은 경우엔 물이 끓는 시간이 오래 걸려 센 불에 끓여도 괜찮지만, 양이 적은 경우에는 바로 끓어올라 밥이 설익을 수 있어요. 그래서 밥 짓기는 불조절이 중요해요.
- 쌀과 물의 양을 맞춰 냄비에 담고, 뚜껑을 닫아 불에 올려 7분간 끓인 뒤 약불로 줄여 15분간 뜸을 들인다.
- 끓어오른 냄비 안에 열기가 있으므로 바로 열지 않도록 하고, 불을 껐더라도 냄비 안에 깃든 열로 쌀이 푹 퍼질 수 있도록 5분간 뜸을 더 들이며 기다린다.

용기별 밥 짓기

밥맛이 다 거기서 거기라고 여기기 쉽지만 절대 그렇지 않습니다. 조리 용기에 따라서도 밥맛과 영양이 다 달라지게 마련이지요. 여러한 용기로 밥을 지어 다양한 밥맛을 경험해보고, 밥물도 넘쳐 보고 누른 밥도 해보다 보면 실력이 늘어난답니다.

돌솥으로 밥 짓기

밥맛이 더 깊고 밥알의 차진 식감이 잘 살아나요. 누룽지를 만들면 더 고소해요.

- 돌솥이나 뚝배기로 밥을 지으면 수분의 증발량이 일반 냄비보다 많으므로 쌀을 충분히 불려야 한다.
- 돌솥을 새로 구입했다면 길을 들여서 사용한다. 길들이지 않고 그대로 사용하면 돌솥에 금이 가기 쉽다.
- 돌솥밥은 물기가 넉넉할 때 불을 줄이고 넉넉하게 뜸을 들여야 수분이 많은 촉촉한 밥이 된다.
* 가마솥에 밥을 지을 때는 돌솥과 같은 방법으로 하되 밥물 양만 손가락 부분에 자작한 정도로 맞춰주세요.

Point 고수의 비법

돌솥 길들이는 법

1. 끓는 물에 빈 돌솥을 넣어 1시간 정도 끓여요.
2. 1의 끓인 돌솥의 물기를 닦아내고 마른 수건에 식용유를 묻혀 돌솥에 고루 발라 코팅을 해요.
3. 2의 기름 바른 돌솥을 약불에 올려 약 10분 정도 구워 코팅이 잘 스며들게 해요.
4. 3의 돌솥에 다시 식용유를 발라 10분 더 구우면 완료!

냄비로 밥 짓기

밥이 촉촉해서 맛이 좋아요. 고온으로 짓지 않아 영양소 파괴가 적어요.

- "잘 지은 냄비밥 한 그릇이면 열 반찬 필요 없다"는 말처럼 냄비밥은 짓기가 번거로워도 밥맛은 좋다.
- 냄비로 밥을 지을 때는 바닥이 두껍고 무거운 것이 좋다.
- 수증기의 증발량이 많아 평소보다 물을 살짝 더 넣어주면 촉촉하고 부드러운 밥이 된다.
- 냄비밥에서 뜸을 들일 때는 냄비 안의 수분이 밖으로 빠져나가지 않도록 뚜껑을 잘 닫아야 한다.
* 냄비로 밥을 지을 때는 묵은쌀보다는 햅쌀이 좋고, 바닥에 약간 누룽지가 생길 정도로 끓인 뒤 뜸을 들이면 밥맛이 구수해져요.

압력밥솥으로 밥 짓기

빠른 시간에 밥이 완성 되지만, 온도가 너무 높아 영양소가 파괴될 수 있어요.

- 압력밥솥을 사용할 때는 쌀을 씻은 뒤 불리지 않고 바로 밥을 지어도 된다.
- 다른 용기보다는 물을 약간 적게 넣고, 뜸을 오래 들이지 않는다. 뜸을 오래 들이면 밥이 질어진다. 압력밥솥 안에 남은 압력으로 뜸이 들여지니 다른 때보다 뜸을 약간 덜 들이고 불을 끈다.
* 일반 냄비밥의 비율이 곡식(1):물(1)이라면, 압력솥의 비율은 곡식(1):물(⅘) 정도로 일반 냄비로 밥을 할 때보다 물을 조금 덜 잡아야 해요.

곡물별 밥 짓기

다양한 곡물로 지은 밥은 많은 찬이 필요 없는 완전영양식입니다. 각 곡물에 알맞게 불리고 물의 양을 조절해서 밥을 짓다 보면 나만의 밥물 양과 곡물에 따른 불 세기 공식이 생기게 되지요. 여러 가지 곡물을 조금씩 불려 냉장고에 넣어두면 잡곡밥도 금세 해 먹을 수 있어요.

* 곡물별 밥 짓기는 불린 곡식을 기본으로 해요. 재료에 표기된 양은 불리기 전 양이에요.

백미밥

재료 멥쌀 1½컵, 물 2컵, 향신유 1작은술

1 쌀은 살살 비벼 깨끗이 씻어 불린 뒤 체에 밭쳐 물기를 뺀다.
2 1의 물기를 뺀 쌀을 냄비에 넣고, 향신유(36쪽 참고)와 물을 넣어 뚜껑을 덮고 센 불로 끓인다.
   밥을 안칠 때 향신유를 넣으면 밥이 촉촉하고 부드러워요.
3 2가 끓기 시작하면 약불로 줄여 15분 정도 더 끓여 뜸을 들인다.
4 3의 불을 끄고 5분 정도 그대로 두었다가 뚜껑을 열고 고루 뒤집어준다.

검은콩밥

재료 멥쌀 1½컵, 검은콩 ½컵, 물 2컵+2큰술

1 검은콩은 깨끗이 씻어 4~6시간 불린다.
2 쌀은 깨끗이 씻어 불린 뒤 체에 밭쳐 물기를 뺀다.
3 1의 불린 검은콩과 2의 쌀을 골고루 섞어 냄비에 넣고 물을 넣어 뚜껑을 덮고 센 불로 끓인다.
4 3이 끓기 시작하면 약불로 줄여 15분 정도 더 끓여 뜸을 들인다.
5 4의 불을 끄고 5분 정도 후 뚜껑을 열어 고루 뒤집어준 뒤 밥그릇에 담는다.

기장밥

재료 기장 ½컵, 멥쌀 2½컵, 물 3컵

1 기장은 깨끗이 씻어 1~2시간 불린다.
2 쌀은 깨끗이 씻어 불린 뒤 체에 밭쳐 물기를 뺀다.
3 1과 2의 재료를 잘 섞어 냄비에 넣고 물을 넣어 뚜껑을 덮고 센 불로 끓인다.
4 3이 끓기 시작하면 약불로 줄여 15분 정도 더 끓여 뜸을 들인다.
5 4의 불을 끄고 5분 정도 더 두었다가 뚜껑을 열어 고루 뒤집어준 뒤 밥그릇에 담는다.

녹두밥

재료 녹두 1컵, 쌀 2컵, 물 3컵

1 녹두는 깨끗이 씻어 8시간 불리고 껍질을 벗겨 노란녹두만 남긴다.
   녹두를 불렸던 물은 버리지 말고 체에 밭친 녹두에 다시 부어가며 바락바락 주물러 껍질을 완전히 벗겨 노란녹두만 남게 하세요. 담갔던 물이 아닌 새 물을 계속해서 받아 씻게 되면 녹두의 맛과 향, 영양이 다 빠져나가게 돼요.
2 쌀은 깨끗이 씻어 불린 뒤 체에 밭쳐 물기를 뺀다.
3 1과 2를 골고루 섞어 냄비에 넣고 물을 넣어 센 불로 끓인다.
4 3이 끓기 시작하면 약불로 줄여 15분 정도 더 끓여 뜸을 들인다.
5 4의 불을 끄고 5분 정도 뒤에 뚜껑을 열어 고루 뒤집어준다.

팥밥

재료 멥쌀 1컵, 찹쌀 ½컵, 팥(불려 삶은 것) ½컵, 물 2컵

   팥은 6시간 정도 불려 푹 삶지 말고, 손으로 눌러 잘 부서지지 않을 정도로만 삶아야 해요. 팥을 하루 정도 충분히 불리면 따로 삶지 않아도 돼요.
1 멥쌀과 찹쌀은 흐르는 물에 깨끗이 씻어 체에 밭쳐 물기를 뺀다.
2 냄비에 1의 물기를 뺀 쌀(멥쌀과 찹쌀)과 적당히 삶은 팥을 넣어 고루 버무린 뒤 물을 넣고 뚜껑을 닫는다.
3 2를 센 불에 올려 끓기 시작하면 7분 정도 끓이다가 약불로 줄인다.
4 3을 약불에 15분간 뜸을 들여 불을 끄고 5분 후에 고루 뒤집어준다.

완두콩밥

재료 완두콩 ½컵, 멥쌀 1½컵, 향신유 1작은술, 물 2컵

1 쌀은 씻어 불리고 체에 밭쳐 물기를 뺀 뒤 향신유를 둘러 10분간 불린다.
2 완두콩은 깨끗이 비벼 씻은 후 체에 밭쳐 물기를 뺀다.
3 1의 쌀에 향신유가 잘 흡수되면 솥에 담고, 물을 넣고 뚜껑을 덮는다.
4 3을 센 불에 올려 끓기 시작하면 2의 완두콩을 3에 넣어 한 번 휘저은 뒤 뚜껑을 덮고 약불로 줄여 15분 정도 더 끓이며 뜸을 들인다.
5 4의 불을 끄고 5분 후 뚜껑을 열어 고루 섞어 뒤집어준다.

보리밥

재료 1 보리쌀 1½컵, 물 1⅓컵 일반 밥을 지을 때보다 밥물을 적게 잡아요.
재료 2 멥쌀 1컵, 물 1¼컵
　　　　미리 지어놓은 꾸덕한 보리밥과 불린 멥쌀을 섞어서 밥을 해요.

1　보리쌀은 깨끗이 씻어 불린 뒤 체에 밭쳐 물기를 빼고, 정량의 물(1⅓컵)과 함께 냄비에 넣어 센 불에 끓인다.
2　1이 끓어오르기 시작하면 약불로 줄여 10분간 더 끓인 후 뜸을 들여 꾸덕하게 보리밥을 짓는다.
3　멥쌀은 살살 비벼 깨끗이 씻어 불린 후 체에 밭쳐 물기를 뺀다.
4　2의 보리쌀과 3의 멥쌀을 함께 냄비에 넣고 물(1¼컵)을 넣는다.
5　4를 센 불에 올려 끓기 시작하면 약불로 줄이고 10분 정도 더 끓여 뜸을 들인다.
6　5의 불을 끄고 5분 정도 후 뚜껑을 열어 고루 뒤집어준다.

잡곡밥

재료 잡곡 2컵, 멥쌀 ½컵, 물 2¼~2½컵
　　　소화기관이 약한 사람은 잡곡으로 찰현미, 흑미, 기장을 넣고, 건강한 사람은 수수, 율무, 콩 등을 넣으면 좋아요.

1　잡곡은 깨끗이 씻어 시원한 곳에 두고 7시간 이상 충분히 불린다.
2　쌀은 깨끗이 씻어 불린 뒤 체에 밭쳐 물기를 뺀다.
3　1과 2를 골고루 섞어 냄비에 넣고 물을 넣어 뚜껑을 덮는다.
4　3을 센 불에 올려 끓기 시작하면 약불로 줄여 15분 정도 더 끓여 뜸을 들인다.
5　4의 불을 끄고 5분 정도 후에 뚜껑을 열어 고루 뒤집어준다.

호랑이콩밥

재료 멥쌀 1½컵, 호랑이콩 ½컵, 물 2컵+2큰술

1　호랑이콩은 깨끗이 씻어 1시간 불린다.
　　마른 것만 불리고, 생콩은 불리지 않아도 돼요.
2　쌀은 깨끗이 씻어 불린 뒤 체에 밭쳐 물기를 뺀다.
3　1과 2를 골고루 섞어 냄비에 넣고 물을 넣어 뚜껑을 덮고 센 불에 올린다.
4　3이 끓기 시작하면 약불로 줄여 15분 정도 더 끓여 뜸을 들인다.
5　4의 불을 끄고 5분 정도 후에 뚜껑을 열어 고루 섞어준 뒤 밥그릇에 담는다.

오곡밥

재료 찹쌀 500g, 차조 100g, 차수수 100g, 팥 100g, 밤콩 50g, 넝쿨콩 50g
밥물 물 1컵, 참기름 2큰술, 소금 ⅔큰술
고명 밤 10개, 대추 10개, 잣 3큰술, 호두 3큰술

1 찹쌀, 차조, 차수수, 팥, 밤콩, 넝쿨콩은 깨끗이 씻어 각각 6시간 불려 물기를 뺀다.
2 불린 팥은 냄비에 담아 자작하게 물을 붓고 삶는다. (팥 손질_20쪽 참고)
3 찜기에 면포를 깔고 1의 불린 곡식과 2의 삶은 팥을 골고루 섞어 안치고 뚜껑을 닫아 김이 충분히 오를 때까지 찐다.
4 볼에 준비한 밥물 재료를 넣어 고루 섞은 뒤 3의 찜기에 조금씩 뿌려가며 오곡밥에 간을 들인다.
  찜기에 있는 곡식은 중간 중간 주걱으로 뒤집어주어야 골고루 익어요.
5 밤은 껍질을 까고, 대추는 돌려 깎아 씨를 제거한 뒤 굵직하게 썬다.
6 5의 고명을 오곡밥 위에 얹어 익으면 고루 섞어 마지막 뜸을 들인다.

현미밥

재료 현미쌀 1½컵, 물 2컵+2큰술

1 현미는 깨끗이 씻어 시원한 곳에 두고 6시간 정도 불린다.
2 1의 불린 현미를 냄비에 담고, 물을 넣어 센 불에 올려 5분 정도 끓인다.
3 2의 밥이 끓기 시작하면 약불로 줄여 10분 정도 더 끓여 뜸을 들인다.
4 3의 불을 끄고 5분 정도 그대로 두고 뜸을 들인 후 고루 뒤집어준다.

현미수수밥

재료 현미 2컵, 수수 ½컵, 물 2¼컵

1 현미는 깨끗이 씻어 시원한 곳에 두고 6시간 정도 불린 뒤 물기를 뺀다.
2 수수는 깨끗이 씻어 3시간 정도 불린 뒤 체에 밭쳐 물기를 뺀다.
3 1과 2를 골고루 섞어 냄비에 넣고 물을 넣어 뚜껑을 덮고 센 불에 끓인다.
4 3이 끓기 시작하면 약불로 줄여 15분 정도 더 끓여 뜸을 들인다.
5 4의 불을 끄고 5분 정도 후 뚜껑을 열어 고루 뒤집어준다.

고구마감자밥

재료 고구마 70g, 감자 70g, 소금물 2~3컵(물 2~3컵+소금 1½큰술)

밥 멥쌀 1½컵, 찹쌀 ¼컵, 물 2컵

1 고구마와 감자는 씻어서 껍질을 벗겨 한입 크기로 어슷 썰어 소금물에 담근다.
  고구마와 감자는 공기 중에서 갈변되기 쉬우므로 소금물에 담가야 해요.
2 쌀은 깨끗이 씻어서 불린 뒤 체에 밭쳐 물기를 뺀다.
3 1의 고구마와 감자의 물기를 없애고, 2의 쌀과 버무려 솥에 담아 밥물을 잡고 센 불에 끓인다.
4 3의 밥이 끓으면 약불로 줄여 15~20분간 더 끓여 뜸을 들인다.
5 4의 불을 끄고 5분간 두고 뜸을 들인 뒤 재료가 부서지지 않게 살살 섞는다.

오약반

재료 불린 찹쌀 5컵, 불린 팥 ⅓컵, 불린 넝쿨콩(or 호랑이콩) ⅓컵, 은행 ⅓컵
  찹쌀, 팥, 넝쿨콩은 각각 깨끗이 씻어 6시간 정도 불려요.

육수 다시마(사방 5cm) 1g, 표고대 3대, 물 2컵, 향신즙 ½큰술, 참기름 1작은술, 소금 ½큰술

고명❶ 밤 10개, 대추 5개, 완두콩 ⅓컵, 호두 4큰술, 인삼 2뿌리, 소금 약간

고명❷ 전복 2마리, 새우 200g, 참송이 100g,

양념 향신즙(34쪽 참조) 1큰술, 향신유 1작은술, 솔주 1작은술, 참기름 1작은술, 소금·후춧가루 약간씩

1 팥은 삶고(팥 손질_20쪽 참고), 불린 찹쌀과 넝쿨콩은 체에 밭쳐 물기를 빼고, 은행은 볶아 속껍질을 벗긴다.
2 찜기에 면포를 깔고 김이 오르면 1의 재료를 넓게 펴서 70% 정도만 익게 찐다.
3 냄비에 준비한 육수 재료를 넣어 센 불에 끓이다가 끓으면 약불로 줄여 육수를 우려낸다. 육수의 양이 1컵 분량이 되면 건더기를 걸러내고 2의 재료를 육수에 고루 뿌려가며 찐다.
4 고명❶ 재료에서 밤은 껍질을 벗기고, 대추는 돌려 깎아 씨를 제거한 뒤 완두콩만 하게 썬다. 호두와 인삼도 완두콩만 하게 썰어 3의 냄비에 얹어 소금으로 간해 찐다.
5 고명❷ 재료에서 전복과 새우는 껍질과 내장을 제거하고 살만 발라내어 얇게 편 썰고, 참송이도 얇게 편 썰어 준비한 양념 재료에 살짝 볶아낸 뒤 4의 찌는 밥에 얹어 골고루 섞어 한 번 더 찐다.
6 5의 오약반이 골고루 폭 퍼지면 그릇에 담는다.

2장

요리의 맛이 좋아지는
맛 보장 육수와 자연양념

한식으로 밥을 먹으려면 국과 찌개, 반찬까지 만들어야 하니 귀찮을 수 있습니다. 특히 국물 요리 만들기를 어려워합니다. 하지만 밑준비가 갖추어지면 달라집니다. 육수와 양념을 미리 만들어두면 밥상 차리기가 이처럼 편할 수가 없습니다. 육수는 크게 해물육수와 고기육수로 나뉩니다. 이 두 가지 육수만 만들어두면 어떤 국물 요리도 쉽게 할 수 있어요. 때로는 육수 그 자체로 훌륭한 양념이 되기도 하고요. 성인병 예방에도 효능이 있다는 배, 무, 양파 등의 즙을 내어 얼린 뒤 조금씩 냉장실에 옮겨 놓고 갖은 양념의 베이스로 사용해보세요. 어떤 요리도 겁나지 않으며, 정갈하고 고급스러운 솜씨를 발휘할 수 있을 겁니다.

이렇게 육수와 양념을 갖추어놓으면 요리를 금세 할 수 있습니다. 우리 아이들이 어릴 때 저보고 늘 '엄마는 요술쟁이'라고 했는데, 바로 이런 비결 덕분이었지요. 이제 그 요술 같은 육수와 양념 레시피를 소개합니다.

> 맛 보장 육수
> 소금양념
> 간장양념
> 자연양념
> 고춧가루양념
> 더 알면 좋은 양념
> 더 알면 좋은 밑재료

맛 보장 육수

깊고 깨끗하고 감칠맛 나는 국물의 비결은 바로 육수에 달렸습니다. 소고기육수, 건어물(해물)육수, 채소육수 등 재료에 따라 다양한 육수를 낼 수 있고, 펄펄 끓이기, 찬물에 우려내기, 잠깐 끓이다 우려내기 등 우려내는 방법에 따라 맛도 천차만별입니다. 소스 만들 때도 사용할 수 있어 활용도도 만점이지요.

채소육수

- 음식 맛을 정갈하게 해주는 육수로, 채소로 우려내기 때문에 지방 섭취에 대한 부담을 줄여준다. 또한 채소의 성분이 녹아 있어 채소를 싫어하는 사람도 거부감 없이 즐기며 영양을 보충할 수 있다.
- 국물 음식을 만들 때는 물론, 소스를 만들 때도 물 대신 사용한다.

재료
양배추 ½통, 무 50g, 양파 1개, 브로콜리 ½송이, 대파 1뿌리, 파슬리 1줌, 표고버섯 2개, 향신즙 3큰술, 물 10컵

1. 양배추는 깨끗이 씻어 반으로 자르고, 무는 지저분한 부분을 다듬어 껍질째 깨끗이 씻는다. 양파는 껍질을 벗기고 씻어 반으로 자르고, 브로콜리와 대파, 파슬리도 깨끗이 씻는다. 표고버섯은 물에 적신 키친타월로 가볍게 닦아낸다.

2. 냄비에 손질한 1의 재료를 모두 담고 향신즙과 물을 넣어 센 불에 끓인다. 끓기 시작하면 약불로 줄여 30~40분 정도 더 끓인다.

3. 2의 물의 양이 조금 줄어들고 육수가 충분히 우러나오면 불을 끄고 고운체에 면포를 깔고 밭쳐 맑은 육수만 걸러낸다. 완전히 식힌 후 냉동 보관한다.

건어물채소육수

- 건어물 특유의 감칠맛과 채소가 어우러져 시원하고 구수한 국물 맛이 특징이다. 무, 양파, 마늘 등을 넣고, 처음부터 약불로 은근히 끓여 우려내면 건어물 특유의 비린내가 나지 않는다.
- 국, 찌개, 전골의 국물로 사용할 수 있으며 특히 북엇국이나 해장국, 생선찌개 등의 맛을 낼 때 좋다.

재료
국물용 멸치 50g, 보리새우 100g, 북어머리(혹은 대구포) 30g, 다시마 10*10cm 1장, 무 30g, 표고버섯 30g, 양파 20g, 마늘 20g, 물 10컵

1 멸치는 중간 크기의 멸치나 굵은 죽방멸치로 준비해 내장을 제거하고 살짝 씻는다.
2 보리새우와 북어머리는 물에 가볍게 씻고, 다시마는 젖은 거즈로 닦는다.
3 다시마를 제외한 나머지 재료들을 냄비에 넣고 물을 부은 후 잠깐 두었다가 건어물이 불면 약불에서 끓인다.
   센 불로 펄펄 끓이면 안 돼요. 비린내가 날 수 있어요.
4 3의 국물이 어느 정도 우러나면 다시마를 넣고, 5분 후에 불을 끄고 30분 정도~식을 때까지 우려서 면포에 밭쳐 맑은 육수만 걸러낸다. 보관할 때는 완전히 식혀 냉동한다.

멸치육수

- 구수하면서도 시원한 맛이 나 감칠맛을 내는 데 좋다. 멸치는 끓이지 말고 물에 담가 하룻밤 동안 충분히 우려야 국물이 텁텁하지 않으면서 달고 시원하다. 시간이 없을 때는 약불에서 서서히 끓여 사용해도 된다. 단, 펄펄 끓이면 안 된다.
- 모든 요리에 사용할 수 있다.

재료 국물용 멸치 1컵, 물 10컵

1 멸치는 살이 부서지지 않고 은빛이 나는 중간 크기의 멸치나 죽방멸치로 준비해 물에 가볍게 씻은 후 냄비에 넣고 물을 넣어 약불로 끓인다.

2 1의 멸치육수가 바닥에 거품이 생기고 물이 움직이기 시작하면 불을 끄고 15분 정도 더 우린다. 중간체에 면포를 깔고 밭쳐 맑은 육수를 걸러내고 완전히 식혀 냉동 보관한다. 1~2일 내에 쓸 것은 냉장 보관한다.

소고기육수

- 고소하면서 깊고 풍부한 맛을 내는 데 좋다.
- 소고기 미역국, 무국, 된장찌개 등 깊은 감칠맛을 필요로 하는 국물 요리에 좋다.

재료 양지머리 300g, 물 6컵

1 양지머리는 흐르는 찬물에 재빨리 씻어 핏물과 불순물을 씻어낸다.
물에 너무 오래 담가두면 영양분이 다 빠져나가니 주의해요.

2 냄비에 물을 넣고 팔팔 끓으면 1의 고기를 넣는다. 고기가 사방 2cm 정도 익었을 때 찬물 1컵을 부어서 더 끓인다. 그러면 조직이 벌어져 고기 속의 육즙이 우러나고 겉이 익어서 핏물이 나오는 것을 막을 수 있다.

3 2의 육수의 양이 4컵 정도로 줄어들 때까지 계속 끓인 후, 거품을 걷어내고 고운체에 면포를 깔고 밭쳐 육수를 걸러낸다. 육수는 완전히 식힌 후 냉동 보관한다.
육수를 우려낼 때 다른 것을 첨가하지 않는 이유는 마늘이나 파를 넣으면 쉽게 부패되기 때문이에요.

다시마육수

- 알긴산이 풍부한 다시마는 항암효과가 있어 여러모로 좋은 재료다. 다시마로 육수를 낼 때는 끓이는 것보다 실온에서 6~8시간 이상 우려내는 것이 좋지만, 바쁠 때는 끓여서 육수를 만들어도 된다.
- 감칠맛을 내는 글루타민산이 들어 있어 전골 국물 요리에 좋다.

재료
다시마 10*10cm 1장, 멸치 30g, 보리새우 20g, 향신즙 ½큰술, 물 4컵

1 다시마는 두툼하고 검푸른 빛이 나는 것으로 골라 먼지를 닦아낸다.
2 1의 다시마와 나머지 육수 재료를 따뜻한 물에 30분쯤 담가 두었다가 약불에서 끓인다. 끓기 시작하면 불을 끄고 다시마를 건져낸다. 완전히 식힌 뒤 냉동 보관한다. 1~2일 내로 쓸 것은 냉장 보관한다.

버섯육수

- 버섯은 약리성분이 풍부하며, 담백하면서도 감칠맛이 난다. 버섯으로 육수를 낼 때는 손질 후 얇게 썰어 끓여야 맛이 더 잘 우러난다.
- 국, 찌개에 사용할 수 있으며 해물요리, 볶음양념의 육수로 사용하면 감칠맛이 더욱 살아난다.

재료
표고버섯(대) 3~4개, 새송이버섯 1개, 맛타리버섯 30g, 다시마 7*7cm 1장, 향신즙 2큰술, 물 10컵

1 표고버섯과 새송이버섯은 젖은 키친타월로 닦고, 다시마는 젖은 거즈로 닦아낸다. 맛타리버섯은 물에 살짝 씻어 건진다.
2 1의 버섯을 얇게 썰어 냄비에 넣고 향신즙과 물을 넣어 약불로 끓인다.
3 2의 국물을 끓이면서 생기는 거품은 걷어내고 중간에 다시마를 넣어 2시간쯤 더 끓인다. 국물이 2컵 정도로 줄어들면 불을 끄고 고운체에 면포를 깔고 밭쳐 걸러내 주걱으로 꾹꾹 눌러 버섯에 흡수된 국물까지 받아낸다. 완전히 식힌 후 냉동 보관한다.

소금양념

간을 할 때에는 굵은소금, 고운소금, 꽃소금, 구운 소금 등 다양한 소금을 사용하는데, 그 용도와 쓰임이 다 다릅니다. 소금마다 특징과 용도를 익혀 사용하면 다른 양념 없이도 소금으로만 감칠맛을 낼 수 있다는 걸 알게 되지요. 아주 적은 양이지만 각 염분이 지닌 특성이 음식 맛을 제대로 살리는 데 한몫을 한답니다. 생소하겠지만 소금도 씻어서 준비하는 것부터 시작해보세요.

천일염(호렴)

- 소금은 반드시 천일염을 구입해 볶아서 사용한다. 시판 중인 소금의 대부분이 정제된 가공 표백소금으로 나트륨 성분인데 비해 천일염에는 각종 무기질이 풍부하게 들어 있다.
- 천일염은 사용 전에 체에 넣고 샤워하듯이 물을 한 바퀴 돌려 뿌려 소금에 붙어 있는 불순물을 제거하고 체에 밭쳐 물기를 제거한 후(잠시 물이 빠지도록), 햇볕에 말리거나 두꺼운 팬에 약불로 살짝 볶아 수분만 말려 사용한다.

굵은소금

- 천일염에서 간수를 제거한 입자가 굵은 자연소금을 가리킨다. 염도는 낮으나 우리 몸에 이로운 천연 무기질 성분이 포함되어 있다.
- 굵은소금은 김치나 젓갈류 등의 발효식품을 절이는 데 사용한다. 김치를 절일 때는 굵은소금을 그대로 사용하고, 국이나 찌개에 양념으로 넣을 것은 체에 담아 물에 살짝 씻어 말려서 사용한다.

꽃소금

- 천일염을 다시 물에 녹여 끓여서 불순물 및 연화가스 등을 제거한 재제염이다. 모양이 하얀 눈꽃 같아 꽃소금이라 부르는데, 순도가 높고 결정 입자가 균등하여 물에 녹는 속도가 빠르기 때문에 음식의 간을 맞추는 데 적당하다.
- 가정에서 조리용으로 가장 많이 사용하는 소금으로 떡, 김치, 설탕과 식초가 들어간 새콤달콤한 요리에는 꽃소금을 사용해야 음식 맛이 깔끔하다.

고운소금

- 볶은 소금, 구운 소금, 죽염 등 굵은소금을 입자가 곱게 다시 가공한 소금을 가리킨다.
- 따로 구입하지 않고 집에 있는 굵은소금을 이용해 만들어 쓰면 훨씬 경제적이고 첨가물이 들어가지 않아 깨끗하고 맛좋은 소금을 쓸 수 있다.

고운소금 만드는 법

재료 굵은소금 1컵, 물 1컵

1 굵은소금을 체에 담고, 물을 부어 재빨리 물기를 뺀다.
  소금을 씻어 나온 소금물은 배추 절이는데 쓰면 좋아요.
2 소금의 물기를 쪽 빼고 마른 팬에 약불로 볶는다.
3 2의 소금의 물기가 완전히 증발하면 절구에 넣어 곱게 빻아 체에 내린다.

간장양념

메주를 띄운 소금물을 40일이 지나 장과 거르면서 만들어지는 집간장(청장)을 기본으로 여러 가지 간장을 만들어 사용할 수 있습니다. 채소를 넣고 끓여낸 조림장, 육수를 넣고 끓여낸 국간장에 이르기까지 다양한 간장을 만들어 사용하면 요리는 깊은 맛을 내게 되지요. 건강하고 맛있게 만들어둔 간장으로 조림, 볶음, 찜 등 다양한 요리에 딱 떨어지는 맛을 내보세요.

청장(집간장, 국간장)

- 묽은 간장이라는 뜻으로, 집간장 중 담근 햇수가 1~2년 정도 된 맑고 색이 연한 간장을 가리킨다. 집에서 간장을 담그지 않을 때는 시중에서 판매하는 국간장을 사용해도 된다. 메주의 주성분인 콩 단백질을 비롯해 여러 가지 비타민과 칼슘이 풍부하다. 소금이 깨끗하고 담백한 맛이라면, 청장은 감칠맛을 낼 때 좋다.

- 맑은 장국에 간을 맞출 때나 장아찌를 담글 때 진간장과 섞어서 사용하고, 묵은나물을 무칠 때도 조금 넣으면 담백하면서도 감칠맛이 난다.

진간장

- 시중에서 구입할 수 있는 일반 간장을 진간장이라 한다. 또는 집간장 중에서 담근 햇수가 5년 이상 되어 맛이 달고 색이 진해진 간장을 일컫기도 한다.

- 진간장은 농도는 진하지만 짠맛이 집간장보다 약해서 조림이나 볶음, 무침 등의 요리에 주로 사용한다.

나물 간장

- 나물 간장 하나면 각종 나물을 손쉽게 만들 수 있다.

재료
국간장 ½컵, 향신장(35쪽 참고) 2큰술, 향신즙 2큰술, 설탕 ½큰술, 멸치육수 3큰술, 참기름·들기름 ½작은술씩

1 볼에 준비한 재료를 넣어 고루 섞는다.
2 1이 고루 섞이면 밀폐용기에 담아 냉장 보관한다.

간단 초간장

- 새콤달콤한 맛의 초간장은 전이나 무침 요리에 잘 어울린다. 필요할 때마다 만들어 쓰는 것이 좋다.

재료
진간장 2큰술, 멸치육수 2큰술, 식초 1작은술, 설탕 1작은술

1 볼에 준비한 재료를 넣어 고루 섞는다.
2 1의 설탕이 고루 녹아 섞이면 냉장 보관한다.

자연양념

자연양념 만드는 것도 요리 못지않게 재미와 보람이 있습니다. 갖은 재료로 즙을 내 뒤 간장, 기름 등을 첨가해 깔끔하면서 깊은 맛을 내는 양념장을 만들어보세요. 처음에는 어렵다고 생각되도 자연양념 만들기도 시도해보면 나만의 노하우도 생기고, 누구도 흉내 낼 수 없는 우리 집만의 맛이 생기게 됩니다.

향신즙

- 마늘, 배, 무, 양파, 생강 등의 혼합 농축액으로 각종 요리 재료의 밑간이나 거의 모든 요리에 간편하게 사용되는 자연양념이다. 연육작용을 할 뿐 아니라 주재료의 잡내를 잡아준다.
- 용도에 따라 물, 육수(고기요리 시), 포도주(생선요리 시)에 희석하여 사용하면 좋다. 조리할 때 직접 넣어 사용하면 요리를 담백하고 향기롭게 해준다.

재료
배 200g, 무 200g, 양파 200g, 마늘 200g, 생강 10g

1. 배, 무, 양파, 마늘, 생강을 강판이나 믹서로 간다.
   대량으로 만들 경우, 믹서나 착즙기에 갈아 즙을 내면 좋아요. 요리에 재료의 건더기가 보이지 않고, 입에 걸리지 않아 더 맛있어요.
2. 고운체에 면포를 깔고 밭쳐 1의 재료 간 것을 걸러낸다.
3. 2를 작은 밀폐용기에 나눠 담아 냉동 보관하고, 3일 정도 사용할 분량만 작은 병에 담아 냉장 보관한다.

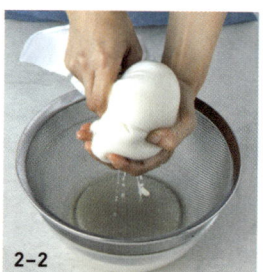

향신장

- 간장에 각종 향신채(마늘, 파, 깻잎, 생강, 고추, 양파 등)와 소고기를 우려내 꿀과 조청으로 맛을 더한 맛간장이다. 간장의 독특한 냄새가 없고 은은한 단맛과 감칠맛, 향신채 향이 어우러져 이 한 가지만으로도 모든 요리에 맛을 낼 수 있다.
- 각종 조림이나 밑반찬, 불고기와 같은 볶음요리는 물론, 소스로도 사용 가능하다. 꿀, 양파, 양지머리 등이 단맛과 감칠맛을 내서 조리할 때 별도의 감미료 등이 필요 없다. 향신장 하나만 사용해도 음식의 맛이 살아난다. 염도는 물이나 육수로 조절할 수 있다.

재료

진간장 2컵, 설탕 ½큰술, 향신즙 ½컵, 건고추 2~3개, 깻잎 5장, 물엿 2큰술, 생강 2쪽, 백포도주 ½컵, 후춧가루 약간, 소고기(양지) 100g, 물 ½컵, 꿀 ½컵

1. 준비한 재료 중 생강은 편 썬다.
2. 냄비에 향신즙과 진간장, 설탕, 건고추, 깻잎, 물엿, 편 썬 생강, 백포도주, 후춧가루를 넣고 끓인다.
3. 2에 소고기와 물을 넣고 약불에 끓이다가 꿀을 넣어 졸인다.
4. 3의 내용물이 2컵 분량이 되면 불에서 내려 고운체에 면포를 깔고 밭쳐 거른 뒤 완전히 식혀서 밀폐용기에 담아 사용한다.

향신유

- 현미유에 각종 향신채를 넣고 약한 불에서 끓여 우려낸 기름으로, 맛이 깨끗하고 향신채의 구수한 향이 담백한 맛을 낸다. 느끼함이 적고, 은은하고 부드러운 향이 음식의 맛과 향을 살린다.
- 각종 볶음과 부침, 드레싱 등에 올리브유 대용으로 사용하면 좋다. 불포화지방산과 토코페롤이 풍부하다.

재료
식용유 2컵, 홍고추 1~2개, 마늘 10쪽, 생강 2쪽, 양파 ¼개, 대파 1뿌리, 깻잎 3~4장

1 홍고추는 반을 잘라 씨를 털어내고, 마늘과 생강은 편 썬다. 양파는 곱게 채 썬다.
2 냄비에 1의 홍고추와 마늘, 생강, 양파, 대파, 깻잎을 담고 식용유를 넣어 약불에 살짝 끓인다.
3 2의 채소가 갈색으로 변하면 고운체에 면포를 깔고 밭쳐 걸러낸 뒤, 완전히 식혀 밀폐용기에 담아 사용한다.

고춧가루양념

고춧가루를 기본으로 하는 양념은 기본적으로 불림의 과정이 꼭 필요합니다. 그래야 잘 풀어지고 맛있는 고춧가루양념을 만들 수 있습니다. 단, 이때 염도가 없고 온도가 높지 않은 수분에 불려야 함을 명심하세요. 그렇지 않으면 잘 불지 않기 때문입니다. 고춧가루뿐 아니라 모든 마른 재료가 그렇다는 사실, 같이 알아두면 좋답니다.

고춧가루

- 7월에 나는 고추를 구입해서 직접 말리고 방앗간에서 빻아 사용한다. 마른 행주로 고추 표면을 깨끗이 닦은 후, 햇볕에 바로 말리는 것보다는 그늘에 하루 정도 말려서 꼭지가 시들해지면 햇볕에 바짝 말린다. 용도에 따라 굵게 또는 곱게 빻아서 쓴다.

굵은 고춧가루

- 말린 고추를 거칠게 빻아 굵게 가루를 낸 것이다. 굵게 빻은 고춧가루는 칼칼한 맛을 내기 때문에 김치나 무침, 찌개, 볶음 등을 만들 때 사용하는 것이 좋다.

고운 고춧가루

- 말린 고추를 잘게 빻아 곱게 가루를 낸 것이다. 곱게 빻은 고춧가루는 색이 선명하고 붉기 때문에 주로 음식의 색을 낼 때나 고추장 등의 양념을 만들 때 사용한다.

고추기름

- 고춧가루를 향신유에 우려내서 만든 것으로, 느끼하지 않고 은은한 향이 나며 붉은빛이 곱다.

매운 볶음 요리나 조림에 두루 사용하세요.

재료
향신유 1½컵, 굵은 고춧가루 ⅔컵

1 향신유(36쪽 참고)를 40도 정도로 따뜻하게 데운다.
2 고춧가루에 1의 향신유를 넣어 고루 섞은 뒤 5시간 정도 불린다.
3 2의 불린 고춧가루를 나무주걱으로 저어 고루 풀어주면서 면포를 이용해 걸러낸다.
4 3의 깨끗하게 걸러진 고추기름을 밀폐용기에 담는다.

다진 양념

- 고춧가루로 만든 다진 양념은 미리 만들어놓으면 싱싱한 채소를 바로 무쳐 먹을 수도 있고, 얼큰한 생선찌개나 오징어볶음 등을 쉽고 맛있게 만들 수 있다. 용도에 따라 무즙, 양파즙, 배즙을 넣어 달콤하고 시원하게 만들기도 하고, 간장과 소금을 섞어 짭짤하면서도 칼칼하게 만들 수 있다.

무침용 다진 양념

- 파, 봄동, 돌나물 등 싱싱한 채소를 무칠 때 좋다. 단, 채소들의 숨이 금방 죽으므로 상에 내기 직전에 무친다.

재료
배즙 2큰술, 무즙 2큰술, 양파즙 2큰술, 고춧가루 5큰술, 멸치젓(뼈 없이 곱삭은 것) ⅓컵, 다진 마늘 2큰술, 다진 생강 1작은술, 설탕 1큰술, 통깨 2큰술, 참기름 ½큰술, 식초 ½큰술, 소금 약간

1 배, 무, 양파는 강판에 갈거나 믹서에 갈아 고운체에 걸러 즙만 받아 고루 섞는다.
배즙, 무즙, 양파즙 대신 향신즙 3~5큰술을 넣어도 돼요.
2 1의 즙에 고춧가루를 섞어 고춧가루를 불린다.
3 볼에 2의 불린 고춧가루와 나머지 재료를 모두 넣고 잘 섞은 후 한 번 먹을 양으로 나눠 밀폐용기에 담아 냉동 보관한다.

찌개용 양념

- 생선매운탕, 돼지고기찌개, 오징어볶음, 낙지전골, 감자찌개, 닭볶음탕, 두부조림 등을 만들 때 좋다.

재료
굵은 고춧가루 5큰술, 물 2큰술, 향신즙 2큰술, 다진 마늘 1큰술, 고추장 ½~1큰술, 진간장 2큰술, 국간장 2큰술, 고운소금 1작은술, 굵은소금 ½작은술

1. 준비한 모든 재료를 한데 넣어 고루 잘 섞는다.
   재료를 섞을 때 간이 있는 간장과 소금은 마지막에 넣는 것이 좋아요.
2. 1을 밀폐용기에 담아 냉장 보관하고, 사용할 때마다 적당량의 물을 약간씩 섞어 부드럽게 풀어 쓴다.

요리와 궁합이 맞는 간 맞추기 노하우

같은 요리도 청장(국간장, 집간장), 진간장, 굵은소금, 꽃소금, 고운소금 등을 구별해서 간을 해야 요리 본연의 맛을 살릴 수 있어요. 각 요리와 어울리는 간을 하는 방법이 바로 고수의 비법이라 할 수 있지요. 하지만 이런 재료들을 섞어서 독특하면서도 깊고 자연스러운 맛을 내는 방법도 있으니 다음을 참고하세요.

김치양념

굵은소금 김치 원재료를 절일 때 주로 사용한다. 굵은소금은 김치 자체에 자연의 고소함과 더불어 깊은 맛을 준다.

꽃소금 김치를 담가 통에 담을 때 배추의 뿌리 쪽에 살짝 뿌려줄 때 사용한다.

고운소금 김치양념의 간을 맞추는 데 사용한다.

국양념

청장(국간장, 집간장) 국간장으로만 간을 할 경우 간장 특유의 감칠맛을 낼 수 있지만, 간장만으로 간을 하면 국물이 검게 되므로 소금과 섞어서 간을 하는 게 좋다.

굵은소금 굵은소금만으로 간을 하면 훨씬 개운하고 깔끔한 맛을 낼 수 있다. 국이나 찌개에 간할 때는 굵은소금을 써야 개운한 맛이 난다.

꽃소금 꽃소금으로만 간을 하면 쓴맛이 나기 쉽기 때문에 청장과 섞어 쓰는 것이 좋다.

고운소금 고운소금만으로 간을 하면 국물 맛이 심심해지기 쉽다. 국마다 차이가 있지만 대체로 맑은 국물에는 청장을 쓰는 것이 좋다.

• **국물 맛내기 비법** 국물 4~5컵에 청장 ⅓작은술을 넣고 굵은소금이나 고운소금으로 간을 맞추면 맛이 좋아요. 단, 미역국의 경우 소금보다는 청장으로 간을 하는 것이 더 깊은 맛을 내지요.

더 알면 좋은 양념

겨자초장

- 겨자가루를 직접 발효시켜 만든 양념으로 톡 쏘는 맛과 향을 즐길 수 있다. 냉채 소스에 주로 쓰이며 샐러드나 조림, 볶음양념, 각종 무침 소스로도 사용된다.

재료 겨자가루 5큰술, 미지근한 물 2½큰술, 파인주스 1큰술, 설탕 3큰술, 식초 3큰술, 진간장 ¼큰술, 배즙 3큰술, 유자청 ⅓작은술, 소금 약간

1. 겨자가루를 미지근한 물에 개서 뜨거운 냄비 뚜껑 위에 얹어 15~20분 정도 발효시킨다.
2. 볼에 1의 겨자를 발효시킨 것과 파인주스, 설탕, 식초, 진간장, 배즙, 유자청, 소금을 넣고 잘 섞는다.
3. 2의 겨자초장을 덩어리가 없게 체에 걸러 곱게 내려 밀폐용기에 담아 냉장이나 냉동 보관한다.

집청

- 집청은 엿을 고으면서 가장 묽은 상태일 때 생강, 인삼, 계피 등의 한약재를 넣어 향기롭게 끓여 만든 것이다. 떡을 찍어 먹거나, 육포에 발라 먹거나 할 때 좋다. 약간 쌉쌀하거나 향이 강한 음식을 찍어 먹는 데 어울리고 유과나 약과, 정과 등 전통 한과류에 소량씩 첨가하여 단맛을 내는 데 사용한다.

재료 꿀 2큰술, 설탕 1컵, 물 1컵, 생강 20g, 통계피 1쪽, 대추 1~2개

1. 생강은 껍질을 벗겨 깨끗이 씻어 편으로 썰고, 계피와 대추도 깨끗이 닦는다.
2. 냄비에 꿀, 설탕, 생강, 계피, 대추를 함께 담고 물을 넣어 약불에 1시간 정도 끓인다.
   국물에 점성이 생길 때까지 끓이는 것이 중요해요. 너무 많이 끓이면 달고, 덜 끓이면 금방 상해요.

찹쌀풀

- 김치나 장아찌를 만들 때 찹쌀풀을 넣으면 양념이 잘 배고 맛있다.

  재료 물 1컵, 찹쌀가루 3큰술(물과 찹쌀가루 1:3비율)

1. 찹쌀가루를 찬물에 잘 풀어준다.
2. 1의 잘 풀어진 찹쌀가루를 냄비에 넣고 풀을 쑨다.
3. 2의 풀이 곱게 잘 쑤어졌으면 차게 식힌 뒤 냉동 보관하는데, 1~2일 안에 사용 가능하면 냉장 보관한다.

해물기본재움양념

- 해물을 미리 해물기본재움양념에 재웠다가 요리하면 비린내도 제거되고 해물의 살도 단단해진다.

  재료(해물 500g기준) 향신즙 1½큰술, 포도주 1큰술, 참기름 1작은술, 소금·후춧가루 약간씩
  생선을 바로 굽지 않고 냉장 보관할 경우 재움양념에 식초 1~2방울(식초는 소량만 넣어도 비린내 제거는 물론 소독효과까지 낼 수 있어요)만 넣어 고루 묻히면 신선하게 보관할 수 있어요.

1. 준비한 재료를 잘 섞어서 해물을 버무려 20분 정도 재운 후 요리한다.
   해물기본재움양념은 바로 바로 만들어 사용하는 것이 좋아요.

고기기본재움양념

- 육류를 미리 고기기본재움양념에 재웠다가 요리하면 누린내도 제거되고 육질도 부드러워진다.

  재료 향신즙 2큰술, 배즙(or 매실즙) 1큰술, 포도주 1큰술, 후춧가루 약간

1. 준비한 재료를 잘 섞어서 고기에 버무린 후 20분 정도 재워 요리한다.

더 알면 좋은 밑재료

단촛물

- 샐러드용 채소나 과일을 살균소독할 때 좋고 재료를 신선하게 유지시켜준다. 또한 요리 재료를 단촛물에 담가두면 재료의 맛을 살리는 것과 동시에 갈변을 막을 수 있다.

재료 물 3컵, 식초 1큰술, 흑설탕 1큰술, 파인주스 1큰술, 향신즙 1큰술

1 모든 재료를 한데 넣어 고루 잘 섞어 만든다.
채소를 씻을 때마다 만들어 사용하는 것이 좋고, 요리할 때는 재료를 단촛물에 1분 정도 담갔다가 건져내면 돼요.

향신물

- 나물이나 채소, 고기류를 데칠 때 살균소독에 좋고, 재료의 불순물을 제거하며, 비린내를 잡아준다.

재료 물 3컵, 향신즙 1큰술, 식초 1작은술, 소금 1작은술

1 냄비에 물을 넣어 끓이고, 끓어오르면 나머지 재료를 넣어 잘 섞는다.
2 1의 향신물을 끓여 필요한 재료를 넣어 데친 뒤 재빨리 찬물에 헹군다.

소금물

- 조개류를 해감할 때 조개 안의 불순물이 빠져나오도록 돕는다.

재료 물 100g, 굵은소금 5g

1 모든 재료를 한데 넣어 고루 잘 섞는다.
소금물을 담은 그릇에 조개류를 넣고 검은 비닐봉지를 덮어 빛을 차단하면 해감이 더 잘 돼요.

포도주

- 포도주는 육류나 생선 요리를 할 때 누린내와 비린내를 없애기 위해 밑간으로 많이 사용한다. 고기요리에는 적포도주가, 생선요리에는 백포도주가 잘 어울린다. 포도주 대신 청주나 맛술을 사용해도 된다.

매실즙

- 5~6월에 나오는 싱싱한 청매실을 골라 같은 분량의 황설탕과 섞어 밀폐용 유리병에 담아 두 달 정도 두었다가 진액이 나오면 체에 밭쳐 사용한다. 매실즙은 희석해서 차로 마시기도 하고, 새콤달콤한 탕수 요리의 소스로도 사용한다. 또 밑간할 때 넣으면 재료를 연하게 해주고, 누린내와 비린내도 없애준다. 적당한 신맛과 단맛, 상쾌한 향을 지니고 있어 양념에 조금씩 넣으면 독특한 맛을 낸다.

파인주스

- 시중에서 파는 파인애플 주스는 맛과 향이 연해서 음식의 고유한 맛을 해치지 않으면서 상쾌한 맛을 낸다. 또한 고기의 육질을 연하게 하고, 소화 작용을 도우며, 장내 부패물을 분해하는 데도 도움을 준다. 고기를 잴 때나 단촛물을 만들 때도 사용되며, 양념장이나 샐러드드레싱 재료로도 많이 사용된다.

메이플시럽

- 캐나다산 단풍나무의 수액을 채취한 후 농축해서 만든 시럽으로 단맛과 함께 독특한 풍미가 있어 설탕 대신 사용하면 좋다. 설탕보다 당도가 높아 설탕 사용량의 반만 넣으면 된다.

3장

요리가 빨라지는 재료 손질법

한식은 순서대로 나오는 코스 요리가 아닌 한 상 차림입니다. 짧은 시간에 한 상을 차리기 위해서는 효율적으로 시간을 잘 활용해야 합니다. 육수가 끓는 동안 재료를 썰어야 하고, 재료가 익는 동안 양념장을 만들어야 합니다. 밥이 뜸 드는 동안 나물을 무치고 밑반찬을 꺼내야 하지요. 요리 초보자들이 가장 어려움을 겪는 부분이기도 합니다.

여기에도 비결이 있습니다. 바로 재료를 미리미리 손질해서 준비해두는 것이지요. 마늘과 파처럼 자주 쓰는 재료는 미리 갈거나 썰어서 밀폐용기에 담아두고, 2장에서 만들어본 육수도 미리 만들어 냉동고나 냉장고에 보관해두면 국도 금방 끓일 수 있습니다. 쌀은 잡곡과 함께 하루치를 불려서 냉장고에 넣어두면 되고요. 이런 일이 습관이 되면 요리 시간이 단축됩니다.

하지만 요리에 따라 필요한 재료도 손질도 달라야 하는데요, 어떻게 하면 좋을까요? 지금부터 그 비결을 알려드립니다.

> 요리와 어울리는 기본 썰기와 쓰임새
> 요리와 어울리는 재료별 손질법

요리와 어울리는
기본 썰기와 쓰임새

어떤 요리를 만드느냐에 따라 재료의 썰기가 달라집니다. 어떻게 써느냐에 따라 음식의 모양새가 달라질 뿐 아니라 먹는 사람에 대한 배려까지 할 수 있습니다. 그만큼 용도에 맞게 재료를 썰 줄 안다는 건 요리의 기본기를 갖췄다고 할 수 있지요. 각 용도에 맞게 재료를 써는 방법을 알고 연습해보세요. 요리가 한층 더 쉬워진답니다.

어슷썰기
파, 당근, 오이, 우엉 등 모양이 가늘고 긴 채소를 비스듬하게 썬다. 두께는 요리에 따라 길게 썰거나 짧게 썬다.
쓰임새 국이나 찌개, 볶음 요리 등에 쓰인다.

반달썰기
무, 당근, 연근, 가지 등의 채소를 길이로 반을 자른 다음 자른 단면이 바닥으로 가게 해서 반원형이 되게 썬다. 두께는 요리에 따라 두껍거나 얇게 썬다.
쓰임새 국이나 찌개, 볶음 요리 등에 쓰인다.

다지기
양파, 파, 마늘, 생강 등을 길게 채 썬 뒤 잘게 썬다.
파 다질 때 파의 한쪽은 그대로 두고 다른 쪽 끝을 칼끝으로 길이로 길게 여러 번 칼집을 넣어준 후 다진다. 이렇게 한쪽만 칼집을 내서 다지면 깔끔하게 다질 수 있다.
쓰임새 국, 찌개, 나물, 전, 볶음밥 등에 쓰이며, 내용물을 보이지 않게 할 때 좋다.

깍둑썰기
무, 양파, 당근 등 두께가 있는 채소를 정육면체가 되게 썬다. 요리에 따라 크기는 다르지만 한 면이 1.5cm 정도 되는 게 적당하다.
쓰임새 찌개처럼 끓이는 용으로 좋고, 조림, 깍두기, 카레 등을 만들 때 쓰인다.

편 썰기

오이, 당근, 호박, 무, 마늘 등을 채소의 앞 부분부터 납작하게 썬다. 두께는 요리에 따라 두껍거나 얇게 썬다.

쓰임새 고명이나 볶음 요리를 할 때 쓰인다.

채썰기

오이, 당근, 호박, 우엉, 무 등의 채소를 어슷썰기나 편 썰기, 돌려 깎기 한 후 가늘게 썬다.

쓰임새 무침이나 볶음 요리에 쓰이며, 고명으로도 쓰인다.

나박 썰기

배추, 무, 감자 등을 네모 모양이 되게 얇게 편 썬다.

쓰임새 무국이나 나박김치를 만들 때 쓰인다.

마름모꼴 썰기

달걀지단이나 버섯 등을 얇게 편 썬 뒤 마름모꼴로 썬다.

쓰임새 주로 탕국에 고명으로 쓰인다.

돌려 깎기

오이, 호박, 대추 등의 껍질을 칼로 돌리면서 깎는다. 돌려 깎기 하는 이유는 속의 씨는 버리고 겉면과 속살을 이용하기 위함이며, 얇은 채를 얻을 수 있다.

쓰임새 고명이나 볶음 요리 등에 쓰인다.

모서리 돌려 깎기

감자나 무, 당근 등을 큼직하게 썰어 모가 난 테두리를 돌려 깎기로 둥글게 만든다. 조리할 때 재료가 으깨지는 것과 국물이 탁해지는 것을 방지할 수 있다.

쓰임새 조림 요리 등에 쓰인다.

요리와 어울리는 재료별 손질법

레시피만 있다고 요리가 잘 되는 것은 아닙니다. 재료를 어떻게 씻고 다듬는지에 대한 지식이 없으면 조리법대로 하고도 실패하는 경우가 많지요. 다 알지만 놓치고 있는 부분이 없나 살피다 보면 밑준비나 조리 과정 중 작은 단계도 다 이유가 있다는 걸 알게 될 거예요.

채소류

오이
굵은소금으로 겉을 박박 문지른 뒤 흐르는 물에 깨끗이 씻는다.

고추
길게 반을 잘라서 씨 부분을 털어내고 길이대로 채 썰거나 어슷하게 채 썰어서 사용한다. 붉은 고추채는 물에 한 번 헹구면 붉은색이 더 선명해진다.

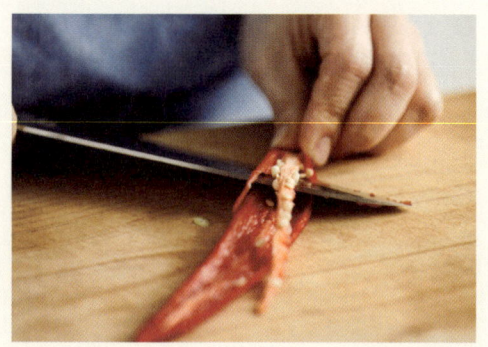

감자
감자는 껍질을 벗기거나 썬 뒤 바로 단촛물이나 소금물에 잠시 담가서 녹말물을 빼 색이 변하는 현상을 막는다.

우엉
우엉은 칼등이나 필러로 겉 표면을 긁어 껍질을 벗긴 다음 바로 단촛물에 잠시 담가 갈변현상을 막는다.

생강
생강은 숟가락으로 껍질을 얇게 긁어내고 물에 씻어 물기를 뺀다.

말린 표고버섯
미지근한 물에 불려서 꼭지를 제거하고 깨끗이 씻는다.

팽이버섯
밑동 부분(전체 크기의 ⅓정도)은 잘라내고 윗부분만 흐르는 물에 재빨리 씻는다. 위생에도 좋으며, 음식에 넣었을 때 덩어리지지 않는다.

석이버섯
미지근한 물에 불린 후 깨끗이 씻는다.

석이버섯은 주로 다져서 달걀흰자와 섞거나 채로 썰어 고명으로 사용해요.

어패류

생선 손질법

❶비늘 벗기기 → ❷흐르는 물에 씻기 → ❸내장 제거하기 → ❹흐르는 물에 씻기 → ❺생선의 양쪽면 포 뜨기 → ❻해물기본재움양념(41쪽 참고)에 재우기

- 비늘생선은 반드시 칼등으로 비늘을 먼저 벗긴 후 내장을 제거해요.
- 만약 생선을 손질 후 바로 조리하지 않을 때는 해물기본재움양념에 식초 2방울(살균과 비린내 제거)만 넣어 고루 묻히면 신선하게 보관할 수 있어요.

꽃게

❶꽃게 솔로 문지르기 → ❷흐르는 물에 씻기 → ❸아가미 뜯어내기 → ❹꽃게 다리 끝부분 잘라내기 → ❺다시 깨끗이 씻기 → ❻몸통 분리하기

- 꽃게는 배 쪽의 덮개가 좁은 것이 숫꽃게, 넓은 것이 암꽃게예요. 꽃게요리는 찜뿐 아니라 게장으로도 많이 사용되므로 미리 손질해두면 좋아요.
- 꽃게의 내장류와 알은 버리지 말고 모아놓았다가 게장을 만들 때 쓰세요.

새우

❶가위로 새우의 발과 수염 잘라내기 → ❷몸통 사이의 내장 제거하기 → ❸깨끗이 씻기

- 대하는 꼬지를 이용해 등 쪽의 내장을 없앤 후에 배 쪽에 꼬지를 꽂아 새우를 바르게 펴주세요. 꼬리에서 머리 쪽으로, 다리 사이사이로 꼬지가 보이도록 얕게 꽂으면 구웠을 때 동그랗게 구부러지지 않아요(176쪽 참고).

낙지

밀가루를 뿌려 빨판을 중심으로 바득바득 문질러서 흐르는 물에 씻는다.

전복

솔로 전복의 구석구석을 깨끗이 씻은 다음 숟가락으로 살을 떼 내어 내장과 분리하고, 입도 잘라낸다.

요리에 따라 내장이 쓰이기도 하므로 숟가락으로 전복을 떼 내야 내장까지 깨끗하게 분리될 수 있어요.

육류

소고기

소고기는 요리 전에 고기망치로 두들기거나 배즙, 설탕, 술 등으로 재우면 고기가 연해지고, 잡내와 누린내도 없어진다. 소갈비의 경우는 찬물에 담가 핏물을 제거한 뒤 고기기본재움양념(41쪽 참조)에 재운다. 흔히 고기를 재울 때 쓰는 키위즙은 조리 직전에 넣어야 고기 육질이 뭉개지지 않는다.

국·찌개용 썰기 질기지 않게 고기결 반대 방향으로 얄팍하게 한입 크기로 썬다.

고명 및 반찬용 썰기 질기지 않게 고기결 반대 방향으로 얄팍하게 채 썬다.

소고기 삶는 방법

1 편육용으로 삶을 때는 덩어리로 된 고기를 실로 묶은 후 끓는 물에 넣어 삶는다. 고기를 실로 묶어 삶게 되면 모양이 변형되지 않는다.
2 장조림용으로 삶을 때는 먼저 아무것도 넣지 않은 끓는 물에 데치듯이 삶았다가(살균) 다시 삶는 과정을 거치는 것이 좋다.

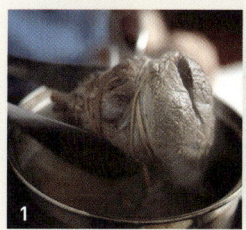 

닭고기

불순물을 제거하기 위해 흐르는 물에 씻어낸 후, 닭고기의 껍질 부분을 제거해 닭에 붙어 있는 기름을 제거하는 것이 좋다. 그 다음 닭의 배를 갈라 뼈 사이 사이에 붙어 있는 조그마한 덩어리 피를 깨끗하게 제거한다(피를 제거하지 않으면 잡내가 날 수 있어요).

닭은 밑간해서 누린내를 없앤 뒤 물에 삶아 기름기를 제거해야 담백하기 때문에 팔팔 끓는 향신물(물 3컵+향신즙 1큰술)에 10초간 튀기듯 데쳐 사용하면 좋다.

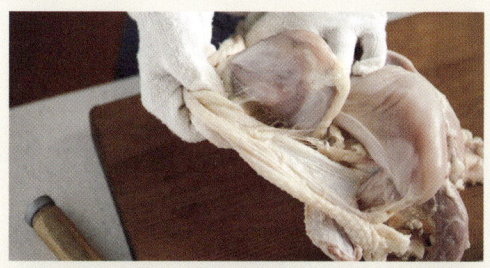

Point 고수의 비법

요리를 더 맛있게 하는 고명과 재료 만들기

음식의 조화를 돕는 재료들이 있습니다. 음식을 보기 좋게 하고 재료가 잘 어우러지도록 도와주는 고명, 요리할 때 재료와 재료가 잘 버무려지게 하는 것들이지요. 고명을 만드는 것이나 보조적인 재료를 만드는 것이 좀 번거로울 수도 있어요. 하지만 음식의 완성도를 위해서는 꼭 필요하지요.

잣가루
키친타월을 깔고, 그 위에 잣을 올려 칼로 잘게 빻듯 다진다. 잣가루는 떡갈비나 잣 소스, 음식의 고명으로 쓰면 좋다.

볶음 참깨
마른 팬에 참깨를 볶다가 건져 소형 절구에 곱게 빻아낸 뒤 껍질을 걸러낸다. 각종 나물이나 무침, 볶음 요리에 쓰면 좋다.

볶은 밀가루
예열된 마른 팬에 밀가루를 넣어 노릇하게 볶은 뒤 식혀 사용한다. 된장국이나 전골, 조림 등을 만들 때 볶은 밀가루를 내용물과 잘 버무려 넣으면 국물이 분리되지 않고 침전물이 생기지 않는다.

황백지단
달걀의 흰자와 노른자를 분리해서 잘 풀어준 뒤 체에 내린다. 기름을 묻힌 키친타월로 은은한 불로 예열한 팬에 기름을 고루 바르고 달걀의 황백지단을 따로 부쳐낸다. 지단이 완전히 식으면 마름모꼴로 썰거나(찜, 국, 탕 등의 고명) 곱게 채 썬다(잔치국수, 반찬, 찜, 잡채 등의 고명).

 →

대추
대추 주름 사이사이에 있는 먼지를 젖은 수건(or 칫솔)으로 잘 닦아낸 뒤 길이로 칼집을 넣어 돌려 깎아 씨를 빼낸다. 씨를 뺀 대추를 길이로 채 썰거나 원래 모양처럼 돌돌 말아 곱게 채 썬다. 견과류볶음이나 조림, 오약반에 넣거나 전, 떡, 밥 등의 고명으로도 쓰인다.

고수의 비법

조리법에 따른 맛내기 노하우

요리를 할 때도 타이밍과 노하우가 중요해요. 언제 간을 해야 하는지, 어떻게 구워야 부서지지 않을지 등 음식의 맛과 모양, 질감을 살리는 조리법을 알아두면 요리가 쉬워져요.

조림
- 처음부터 조림간장을 넣고 조리면 재료가 질겨질 수 있으니 재료를 미리 삶은 후 조림간장을 넣고 조리는 것이 좋다.
- 단, 꽈리고추처럼 간이 잘 안 배는 재료는 처음부터 조림간장을 넣고 조린다.
- 조림을 할 때는 처음에는 센 불로 끓이고, 한 번 끓어오르면 불을 줄이고 은근히 조려야 재료가 속까지 잘 익고 양념도 고르게 밴다.
- 조림 국물을 끼얹어가며 조리면 양념이 훨씬 잘 밴다.

구이
- 구이 요리를 할 때는 팬이나 석쇠를 달군 후 재료를 올려야 재료가 눌어붙지 않는다.
- 생선을 구울 때는 살 부분을 팬에 먼저 올려야 한다. 껍질부터 구우면 살이 부서지고 오그라든다.
- 모양을 더 잘 유지하고 싶다면 생선 위에 약간의 밀가루나 녹말가루를 뿌린 후 굽는 것이 좋다.

볶음
- 볶음 요리를 할 때는 팬을 달군 후 기름을 둘러 재료를 넣고 볶는다.
- 고기 종류는 센 불에서 단시간에 볶아야 육즙이 빠져나오지 않는다.
- 익히는 시간이 긴 감자나 당근 등 단단한 채소는 중불에서 볶아야 겉이 타지 않고 속까지 고루 익는다.
- 익는 정도가 다른 혼합재료는 넣는 순서를 다르게 해서 볶는다.

데치기
- 녹색 나물은 끓는 물에 약간의 소금과 향신즙을 넣고 뚜껑을 열고 데친 후, 재빨리 건져 찬물에 담가 식혀 손으로 물기를 꼭 짠다.
- 콩나물, 숙주나물은 끓는 물에 뚜껑을 덮고 데친 후 체에 건진다. 이때 찬물에 담그지 말고 손으로 물기를 짜지도 말아야 한다. 체에 건져 자연스럽게 물기를 빼야 식감이 좋다.

찜-냄비
- 고기를 찔 때는 고기를 따로 어느 정도 삶은 후 육수를 맑게 거르고, 다시 냄비에 익힌 고기와 양념장을 넣어 찌는 것이 좋다.
- 재료가 어느 정도 익었을 때 육수를 부어가며 간을 맞추고 자작자작하게 쪄야 재료가 눌어붙는 것을 막을 수 있다.

찜-찜통
- 처음부터 재료를 찜통에 올리고 찌면 물이 끓는 동안 시간이 걸려 재료의 맛이 빠져나간다. 미리 물을 끓여 찜통에 김이 오를 때 재료를 넣고 찐다.
- 찔 때는 찜통 밑면에 면보자기를 깔고 뚜껑과 요리 사이에도 면보자기를 덮어주는 것이 좋다. 뚜껑에 맺힌 물이 요리에 떨어지면 맛과 모양이 변할 수 있기 때문이다.
- 이때 면보자기의 네 귀퉁이는 뚜껑 위로 접어 올려 불이 붙는 것을 방지한다.

재우기
- 요리 전에 재료를 먼저 재워야 누린내나 비린내 등 잡내가 없어지고, 육질이 연해져 재료의 맛이 최상일 때 요리할 수 있다.
- 단, 재움 양념이 지나치면 재료 자체의 맛을 잃을 수 있으니 분량과 시간을 지키는 것이 중요하다.

고기양념
- 고기를 양념할 때는 과일즙, 향신즙, 술 등으로 먼저 재운다. 이렇게 하면 고기가 연해지고 잡내와 누린내도 제거된다.
- 밑간이 배면 간장이나 고추장, 된장 등으로 간을 한다. 참기름은 가장 마지막에 넣어야 앞의 양념이 잘 배고 향도 더해진다.

2

꼭 익히고 싶은
사계절 우리 밥상

1장

몸을 깨우는 봄 밥상

봄은 모든 것이 새로이 시작되는 계절입니다. 그래서 준비해야 할 것도 많아지지요. 3월이면 여러 가지 젓갈을 담그기 위해 조기나 멸치, 황석어를 마련해 큰 독에 굵은소금을 뿌려가며 준비합니다. 이렇게 몇 년씩 삭힌 젓갈들로 겨우내 먹을 김장을 담그면 1년 내 사용하는 기본 찬이 됩니다. 4~5월에 나는 곰취, 얼레지, 고사리 등은 따다 데치고 말립니다. 비타민이 풍부한 봄나물을 잘 말려 1년 내내 먹을 수 있게 준비하는 것이지요.

하지만 무엇보다 봄의 선물은 바로바로 해먹는 제철 나물 요리입니다. 겨우내 얼어붙었던 우리의 몸과 마음을 일깨우는 요리죠. 봄이 되면서 활동량이 늘어나면, 체력에도 신경 써야 하지요. 활력이 느껴지는 밥상이 필요합니다. 이런 봄 밥상을 통해 입맛도 몸의 기운도 한순간에 되살아날 겁니다. 그렇다면 지금부터 한 해 동안 먹을 식재료도 부지런히 준비해놓으면서, 봄의 기운이 가득한 생생한 제철 재료로 봄 밥상 한번 차려볼까요?

해물쑥국과 더덕고추장구이 밥상

쌉쓰름하고도 향긋한 쑥에 마와 해물을 넣은 감칠맛 나는 국 한 그릇이면 밥 한 그릇을 뚝딱 비운다. 겨울 동안 부족해졌을 비타민은 기장밥으로, 몸의 기운은 새콤달콤한 미나리무침과 향긋한 더덕고추장구이로 보충한다. 샐러드처럼 먹는 알배추겉절이로 밥상이 더욱 푸짐해진다.

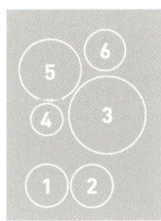

1 기장밥(19쪽 참고)
2 마와 해물쑥국
3 배추겉절이(230쪽 참고)
4 콩자반
5 더덕고추장구이
6 미나리무침

마와 해물쑥국

재료
마 200g, 향신즙 ½큰술, 쑥 100g, 볶은 밀가루 1큰술, 국간장 ½큰술, 소금 약간

육수
멸치육수 7컵, 건홍합 30g, 향신즙 1큰술, 국간장 1½큰술, 소금 약간

고명
새우 50g, 대파 1뿌리

1 마는 껍질을 벗겨 나박 썰기 해 향신즙, 소금에 10~20분간 절인 후 체에 밭쳐 물기를 제거한다.
2 쑥은 끓는 물에 살짝 데쳐 재빨리 찬물에 헹구고 물기를 없앤 후 적당히 썰어 볶은 밀가루와 국간장, 소금에 무친다.
3 새우는 끓는 물에 살짝 데쳐 껍질을 깐 뒤 어슷하게 저미고, 대파도 어슷하게 썬다.
4 냄비에 멸치육수를 넣고 끓이다가 끓으면 건홍합을 넣은 뒤 간을 맞춘다.
5 팔팔 끓는 4의 육수에 1의 마와 2의 쑥을 넣어 한소끔 끓인 뒤 3의 새우와 대파를 넣고 살짝 더 끓인다.

더덕고추장구이

재료
더덕 200g, 향신유 1큰술, 참기름 1작은술, 통깨 약간
고추장양념
고추장 3큰술, 매실청 ½작은술, 물엿 ½큰술, 설탕 ½큰술

1. 더덕은 흐르는 물에 재빨리 씻어내 마른행주로 물기를 닦아낸다.
   더덕을 물에 담가 씻으면 물을 많이 머금어 더덕 고유의 식감과 향을 잃게 돼요.
2. 볼에 준비한 고추장양념 재료를 넣어 고루 섞는다.
3. 1의 더덕을 칼로 돌려 깎기해 껍질을 벗겨 굴려가며 나무방망이로 가볍게 자근자근 두드려서 펼친 다음(사진) 향신유와 참기름을 고루 바른다.
4. 예열된 팬에 3의 더덕을 앞뒤로 살짝 초벌구이하고, 그 위에 준비한 고추장양념을 발라 2차로 구워낸다.
   초벌하지 않고 바로 양념을 발라 구우면 양념이 먼저 타고, 더덕이 익지 않아요.
5. 4의 구운 더덕을 담고 통깨를 뿌린다.

Point 고수의 비법

더덕을 너무 세게 두드리면 짓이겨지므로 자근자근 살살 두드려 갈라지도록 한 뒤 벌려주세요.

미나리무침

재료
미나리 200g, 향신즙 ½큰술, 국간장 1큰술, 소금 약간

양념
홍고추채 1작은술, 파채 ½큰술, 향신즙 ½큰술, 향신장 1작은술, 굴소스 ½작은술, 된장 1작은술, 설탕 1작은술, 참기름 1작은술, 통깨 ½큰술

1. 미나리는 끓는 물에 살짝 데쳐 찬물에 헹군 뒤 물기를 제거하고, 먹기 좋은 크기로 송송 썰어 향신즙과 국간장, 소금으로 무쳐 10분간 재운다.
2. 1의 간이 밴 미나리의 물기를 살짝 짠다.
3. 볼에 2의 미나리와 준비한 양념 재료를 넣고 무친다.

콩자반

재료
검은콩 1컵, 물 넉넉히, 통깨 약간

간장양념
향신장 4큰술, 향신유 1큰술, 물엿 2큰술, 참기름 약간

1. 준비한 콩은 깨끗이 씻어 물에 10~15분 정도 담가 살짝 불린다.
2. 1의 불린 콩을 냄비에 담고 콩이 잠길 만큼 물을 넣어 15~20분 정도 삶는다.
3. 2의 냄비에 수분이 어느 정도 없어지면 준비한 간장양념 재료를 넣어 조리다가 마지막에 통깨를 넣어 섞는다.

주꾸미볶음과 소고기미역국 밥상

봄 기운을 내는 해산물로는 주꾸미를 빼놓을 수 없다. 매콤한 주꾸미볶음에 매운맛을 살짝 덮어줄 부드러운 달걀찜, 봄내음을 가득 머금은 달래더덕무침. 여기에 김구이 하나만 더 놓아주면 무엇 하나 모자라지 않은 완벽한 밥상이 된다.

1 백미밥(19쪽 참고)
2 소고기미역국
3 주꾸미볶음
4 달걀찜
5 달래더덕무침
6 고들빼기김치(235쪽 참고)
7 김구이

소고기미역국

재료
불린 미역 1컵, 참기름 ½큰술,
소 안창살 50g

육수
소고기육수 5컵, 국간장 1큰술,
굵은소금·고운소금 약간씩

미역양념
국간장 1큰술, 까나리액젓 ½큰술,
향신즙 2큰술, 참기름 1작은술,
굵은소금·고운소금 약간씩

미역이 물에 불으면 양이 많아지므로 ½컵 분량을 찬물에 불려 1시간 정도 상온에 뒀다가 미역이 불려지면 미역을 손으로 꼭 짜 물기를 제거하세요.
(미역에 따라 불리는 시간이 달라요.)

1 준비한 불린 미역은 바락바락 주물러 씻어 먹기 좋은 크기로 썬다.

2 볼에 1의 미역을 담고 미역양념 재료를 넣어 간이 고루 배도록 조물조물 무친다.
향신즙이 없을 경우, 다진 마늘을 체에 밭쳐 나온 물을 사용하세요.

3 준비한 소 안창살은 얇게 저며 납작하게 썬다.

4 냄비에 참기름을 두르고 2의 미역을 넣어 간이 배도록 충분히 볶다가 3의 안창살을 넣고 볶는다.
고기와 미역을 충분히 볶아야 국물에 기름이 뜨지 않아요.

5 4의 재료가 충분히 볶아지면 소고기육수를 넣고 기호에 맞춰 간을 한 후 팔팔 끓인다.

주꾸미볶음

재료

주 재료
주꾸미 500g, 밀가루 5큰술,
향신즙 1큰술, 향신장 1작은술,
향신유 1큰술

부 재료
배추속대 ½포기, 새송이버섯 2개,
데친 미나리 50g, 대파 ½뿌리,
홍고추채 5g, 풋고추채 5g, 향신유
1큰술, 향신즙 1큰술, 소금·후춧가루
약간씩

양념
주꾸미 볶은 물 2큰술, 고춧가루
2½큰술, 고추장 1작은술, 설탕
½큰술, 다진 마늘 ⅔큰술, 찹쌀가루
1큰술, 참기름 1작은술

1. 주꾸미는 내장을 제거하고, 밀가루를 뿌려 빨판을 중심으로 바득바득 문질러서 흐르는 물에 씻은 후, 길쭉하게 썰어 향신즙과 향신장으로 간해서 향신유를 두른 팬에 살짝 볶아 체에 받친다.
  체에 받친 주꾸미 물은 양념 재료를 갤 때 사용해요.

2. 배추와 새송이버섯, 미나리, 대파는 주꾸미 크기에 맞춰 썰고, 고추채와 함께 향신즙과 소금, 후춧가루로 간한 뒤 향신유를 두른 팬에 살짝 볶아 간을 들인다.
  배추속대를 먼저 볶다가 나머지 재료를 볶아야 물이 생기지 않아요.

3. 1의 주꾸미와 준비한 양념 재료에서 찹쌀가루와 참기름을 제외한 재료를 넣어 볶다가, 마지막에 찹쌀가루와 참기름을 넣고 한 번 더 살짝 볶은 후 불을 끈다.
  주꾸미를 볶을 때 물이 나오는데, 이때 찹쌀가루를 넣으면 주꾸미볶음에 물이 계속 생기는 것을 방지할 수 있어요.

4. 3의 볶은 주꾸미에 2의 채소를 넣어 버무리듯 무친다.

달걀찜

1. 볼에 달걀을 곱게 풀어 향신즙과 멸치육수, 참기름을 넣고 섞은 후 체에 내린다.
2. 1을 다시 한 번 체에 내린 뒤 면포로 다시 걸러 새우젓으로 간한다.
3. 달걀찜 용기에 향신유를 바르고 용기의 80% 정도만 2의 달걀물을 넣는다.
4. 3의 달걀물을 약불에서 찌면서 달걀이 끓어 넘치지 않도록 주의한다.
5. 새우살을 반으로 저미고, 파는 채 썬다.
6. 4의 달걀찜이 적당히 익으면 5의 고명 재료를 위에 얹어 약불에 쪄낸다.
   달걀이 절반 정도 익었을 때 고명을 올린 후 마저 찌는 것이 가장 좋다.

Point 고수의 비법

달걀을 먼저 체에 거르고 면포에 한 번 더 거르면 달걀찜이 아주 부드러워져 깜짝 놀랄 거예요.

재료
달걀 2개, 향신즙 ½큰술, 멸치육수 1컵, 참기름 1작은술, 새우젓(or 소금) ½큰술, 향신유 약간

고명 새우살 10g, 파채 ½큰술

달래더덕무침

재료
달래 100g, 더덕 2뿌리, 단촛물(42쪽 참조) 3~4컵, 홍고추채 1작은술, 잣 ½작은술

양념 향신장 ½큰술, 겨자초장 1작은술, 매실즙 ½큰술, 식초 1큰술, 꿀 ½작은술, 소금 약간

1. 달래는 다듬어 흐르는 물에 씻어 5cm 길이로 썬다.
2. 더덕은 흐르는 물로 재빨리 씻어내고 물기를 제거한다. 칼을 이용해 돌려 깎기로 껍질을 벗기고 나무방망이로 자근자근 두드린 다음 찢거나 채 썰어서 단촛물에 2분 정도 담가 쓴맛을 제거하고 물기를 뺀다.
3. 볼에 준비한 양념 재료를 넣어 고루 섞고, 달래와 더덕, 홍고추채와 잣을 함께 넣어 고루 무친다.

조개쑥국과 돼지고기구이 밥상

돼지고기구이 반찬 하나면 한 끼 든든히 해결할 수 있지만, 이것 하나만
으로는 왠지 아쉬운 느낌이 들 수 있다. 이때 가벼운 나물 반찬 하나를
더하면 영양이 골고루 섞인 부담 없는 밥상이 된다.

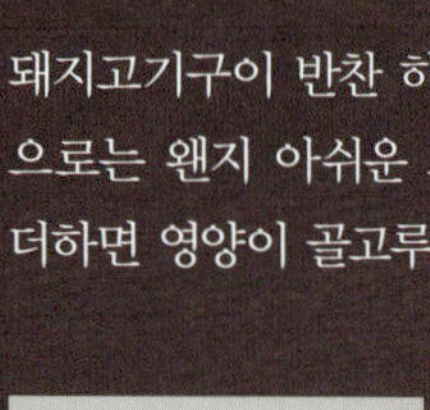

1 잡곡밥(21쪽 참고)   4 맑은홍백김치(249쪽 참고)
2 조개쑥국   5 마늘장아찌(259쪽 참고)
3 돼지고기구이   6 취나물들깨볶음

돼지고기구이

Point 고수의 비법

초벌구이를 하지 않으면 양념이 먼저 타버리고 고기 속은 안 익을 수 있어요. 초벌구이를 하면 양념도 타지 않고, 고기도 알맞게 익어 맛있어지지요.

재료

돼지고기(목살) 200g, 향신유 넉넉히

양념 ❶ 향신즙 2큰술, 포도주 1큰술, 참기름 1작은술, 매실청 1큰술, 후춧가루 약간

양념 ❷ 향신장 2큰술, 물엿 ½큰술, 참기름 ½작은술, 향신즙 1작은술, 유자청 1작은술

1. 돼지목살을 0.5cm 두께로 썰어 고기망치로 두드린다.
   돼지고기를 두드리면 조직이 연해져요.
2. 볼에 준비한 양념❶의 재료를 넣어 고루 섞고, 1의 돼지고기를 넣어 1시간 이상 재운다.
3. 예열된 팬에 향신유를 두르고 2의 고기를 굽는다.
   고기에 단백막이 생기도록 센 불에서 초벌구이 해주세요. 단백막이 생기면 육즙이 흘러나오지 않아 고기가 더 맛있어져요.
4. 볼에 양념❷의 재료를 넣고 고루 섞은 후, 3의 초벌구이한 돼지고기를 적당한 크기로 썰어서 재운다.
5. 4의 돼지고기를 먹기 직전에 석쇠나 팬에 굽는데, 이때 돼지고기를 재운 양념을 함께 넣어 조리며 굽는다.
   접시에 담을 때 통깨를 뿌리면 더 먹음직스럽지요.

조개쑥국

재료
쑥 200g, 모시조개 200g, 5% 소금물(물 100g+소금 5g), 향신물 넉넉히, 홍고추채 ½개 분량, 풋고추채 1개 분량, 파채 ⅓뿌리 분량, 팽이버섯 ¼봉
쑥무침양념 볶은 밀가루 ½큰술, 국간장 ½큰술, 들깨가루 1큰술, 향신즙 1큰술
육수 재료 멸치육수 5컵, 된장 2큰술, 국간장 약간

1. 모시조개는 소금물로 해감하고, 쑥은 지저분한 것을 다듬어 끓는 물에 살짝 데쳐 찬물에 담갔다 물기를 짠다.
2. 볼에 쑥무침양념 재료와 1의 데친 쑥을 넣어 무친다.
3. 1의 해감한 모시조개는 끓는 향신물에 살짝 데쳐 한쪽 껍질을 제거한다.
4. 고추류는 반을 잘라 씨를 털어낸 뒤 파와 함께 채 썰고, 팽이버섯은 밑동을 잘라 길이를 반으로 썬다.
5. 멸치육수에 된장을 체에 거르면서 풀어 넣고 끓인 후 2의 쑥을 넣고 끓이다가 국간장으로 간을 맞춘다.
6. 5에 3의 모시조개와 4의 채소를 넣어 한소끔 끓인다.

쑥 대신 냉이로 대체해도 좋아요.

취나물들깨볶음

재료
취나물 300g, 향신물 넉넉히, 멸치육수 ¼컵, 향신유 ½큰술, 들기름 1작은술, 풋마늘채 ½큰술, 들깨가루 1큰술, 통깨 1작은술, 참기름 ⅓작은술, 소금 약간
간장양념
국간장 ½큰술, 향신장 ¼작은술, 향신즙 1큰술

1. 취나물의 굵은 줄기를 적당히 잘라 끓는 향신물에 살짝 데쳐 재빨리 찬물에 헹구고 물기를 짠 뒤 적당한 크기로 썬다.
2. 볼에 준비한 간장양념 재료를 넣어 섞고, 1의 취나물을 넣고 고루 무친 후 30분 정도 뒀다가 물기를 살짝 짠다.
3. 뜨거운 팬에 향신유와 들기름을 둘러 2의 취나물을 살짝 볶은 뒤 멸치육수를 3~4번에 나눠 넣으며 물기 없게 볶는다.
4. 3이 볶아지면 풋마늘채, 들깨가루, 통깨, 참기름을 넣고 다시 한 번 살짝 볶아 마무리한다.

두릅나물과 차돌된장찌개 밥상

봄철 밥상에서 누릴 수 있는 호사라고 하면 두릅을 빼놓을 수 없다. 메말랐던 가지에 물이 오르면 나무의 생명력이 두릅의 새순에 담기기 때문이다. 두릅나물에 담백한 삼치조림이면 봄날 잃었던 입맛도 되찾을 수 있다.

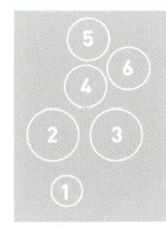

1 백미밥(19쪽 참고)
2 차돌된장찌개
3 삼치조림
4 배추김치(232쪽 참고)
5 두릅나물
6 깻잎순절임무침

차돌된장찌개

재료

호박 ½개, 두부 ½모, 팽이버섯 ⅓봉, 달래 10g(생략 가능), 잔새우 20g, 홍고추채 1큰술, 풋고추채 1큰술, 파채 1큰술, 멸치육수 1½컵, 국간장 1작은술, 소금 약간

차돌된장양념

된장 3큰술, 물 1컵, 차돌박이 50g, 빻은 백콩 3큰술, 다진 마늘 1작은술, 향신즙 1큰술

백콩은 살짝 데쳐서 절구에 빻아 준비하는데, 덩어리가 거의 씹히지 않을 정도로 빻아야 돼요.

1 호박과 두부는 깍둑썰기 해서 국간장과 소금에 15분간 절인 뒤 물기를 제거한다.
이렇게 호박과 두부를 절이는 이유는 두부의 간수와 호박의 물기를 제거하고 찌개를 끓여야 국물이 깨끗하고 담백해지기 때문이에요. 만약 찌개를 아침에 끓인다면 이 과정을 전날 밤에 미리 해두면 좋아요.

2 냄비에 차돌된장양념 재료를 넣어 약불에 볶듯이 졸인다.

3 팽이버섯은 밑동을 잘라 길이로 반을 자르고, 달래와 잔새우는 다듬어 흐르는 물에 씻어 물기를 없앤다.

4 2의 양념에 멸치육수를 넣고 잘 풀어준 뒤 호박을 먼저 넣어 끓이다가 두부를 넣어 다시 한 번 끓이며, 국간장으로 간을 맞춘다.

5 4에 3의 팽이버섯과 달래, 잔새우를 넣고 끓이다가 홍고추채, 풋고추채, 파채를 넣어 살짝 더 끓인다.

삼치조림

Point 고수의 비법

녹말가루가 날리지 않게 삼치에 고르게 묻힌 뒤 살짝 두드려요. 얼굴에 분 바르듯 녹말가루가 뭉치지 않게 살살 털어주면서 완전히 흡수시킨 뒤에 구우면 살이 부서지지 않아요.

재료
삼치(소) 1마리, 녹말가루 ¼컵, 향신유 5큰술, 풋고추채 5g, 홍고추채 5g, 통깨 1작은술

밑간양념
향신즙 1½큰술, 포도주 1큰술, 참기름 1작은술, 소금·후춧가루 약간씩

조림양념
향신장 2큰술, 고추기름 1큰술, 굴소스 ½큰술, 매실청 ½큰술

1. 삼치의 머리와 지느러미, 내장을 제거하고 중뼈와 가시도 분리해 살만 발라내서 밑간양념에 재운다.
2. 1의 삼치에 녹말가루를 고르게 묻힌 뒤(사진) 중불로 예열된 팬에 향신유를 충분히 두르고 앞뒤로 튀기듯 잘 익힌다.
   팬이 너무 뜨거우면 생선이 바로 타 버릴 수 있어요.
3. 팬에 준비한 조림양념 재료를 넣고 살짝 끓인 뒤 2의 튀긴 삼치를 넣고 조린다.
4. 다른 팬에 풋·홍고추채와 통깨를 살짝 볶아 삼치조림 고명으로 얹어 낸다.
   팬에 따로 볶지 않고, 바로 고명으로 올려도 돼요.

두릅나물

재료

두릅 400g, 향신물(물 3컵+향신즙 1큰술), 향신유 1큰술, 들기름 ½큰술, 향신즙 1큰술, 소금·후춧가루 약간씩

나물양념

향신장 1작은술, 풋마늘채 2큰술, 홍고추 1개, 통깨 1큰술, 국간장 1작은술, 소금 약간

1. 두릅은 다듬어 향신물에 데치듯 삶아 찬물에 헹궈 식힌 후, 물기를 짠다.
2. 1의 삶은 두릅을 향신즙, 소금, 후춧가루로 무쳐서 가볍게 짜낸 후, 향신유, 들기름을 넣어 살짝 볶은 뒤 넓은 접시에 펼쳐 완전히 식힌다.
3. 볼에 준비한 나물양념 재료와 2의 두릅을 넣고 무친다.

깻잎순절임무침

재료

깻잎순 1kg, 소금물(물 2컵+소금 2큰술)

절임양념 까나리액젓 ⅓컵, 진간장 ⅓컵, 향신즙 ½컵, 매실즙 ¼컵

무침양념 홍고추채 3큰술, 밤채 3큰술, 잣 3큰술, 물엿 ⅓컵, 향신장 ½컵, 다진 마늘 3큰술, 까나리액젓 2큰술, 매실즙 2큰술, 고춧가루 ½컵, 통깨 ¼컵,

1. 깻잎순의 질긴 줄기 부분을 제거한 뒤 소금물에 20~30분간 절인다.
2. 1의 절인 깻잎순을 흐르는 물에 씻어 건져서 뭉그러지지 않도록 손으로 살짝 짠 뒤 체에 밭쳐 물기를 뺀다.
3. 볼에 절임양념 재료를 넣어 고루 섞은 뒤 2의 깻잎순을 넣고 2~3시간 정도 절인다.
4. 3의 깻잎순을 적당히 짠 뒤 무침양념 재료에 조물조물 무쳐 조금씩 덜어 먹는다.

방풍나물과 소불고기 밥상

고기와 함께 먹는 채소라면 흔히 파채무침을 떠올리겠지만, 파채무침 대신 방풍나물무침으로 봄을 느껴보자. 불고기에 알싸한 방풍나물무침을 곁들이면 고기 맛을 한층 북돋워주어 평범한 불고기가 품격 있게 변한다. 밥상이 2% 부족하다고 생각된다면 보리굴비무침을 추가해보자.

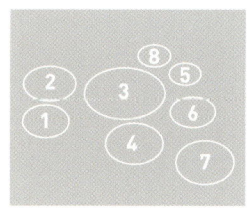

1 검은콩밥(19쪽 참고)
2 두부콩나물국
3 소불고기
4 방풍나물무침
5 생새우젓갈(263쪽 참고)
6 보리굴비무침
7 열무김치(234쪽 참고)
8 달걀쌈장

두부콩나물국

재료
콩나물 ⅔봉(100g), 두부 ½모, 향신즙 1큰술, 국간장 1큰술, 대파채 1큰술, 홍고추채 1큰술, 풋고추채 1큰술, 잔새우(or 조갯살) 50g, 고운소금 약간

육수
멸치육수 6컵, 국간장 2큰술, 향신즙 ½큰술, 소금 약간

1 두부는 1cm 두께로 길게 썰어 국간장과 소금, 향신즙에 30분 정도 재워 물기를 뺀다.
2 콩나물은 꼬리만 제거한 뒤 흐르는 물에 씻어 고운소금을 뿌린다.
3 냄비에 준비한 육수 재료를 넣어 센 불에 팔팔 끓인 뒤 2의 콩나물을 넣고 뚜껑을 덮어 비린내가 없어지게 한소끔 더 끓인다.
4 3의 냄비에 1의 두부를 넣어 살짝 끓인 후 대파채와 홍고추채, 풋고추채, 잔새우를 넣고 다시 끓인다.

소불고기

Point 고수의 비법

향신장을 활용한 간단 소불고기 황금비율 양념

양념 향신장 2½큰술, 흑설탕 ½큰술, 참기름 ½큰술, 향신유 1방울

처음 재울 때 염도가 있는 간장에 재우지 않는 것이 포인트지요. 고기를 구울 때 한꺼번에 구우면 물이 한강물처럼 불어나 맛이 없어져요. 팬에 조금씩 놓아 '짝' 하는 소리와 함께 구워야 맛있어요.

진간장을 활용한 초간단 소불고기 황금비율 양념

양념 진간장 2큰술, 흑설탕 1큰술, 다진 마늘 ½큰술, 참기름 ½큰술

진간장에 흑설탕을 고루 섞어 완전히 녹인 후에 양념을 무쳐야 해요.

재료
소고기(불고기용) 300g, 향신즙 1½큰술, 과일즙 1큰술, 포도주 ½큰술
양념
향신장 2½큰술, 황설탕 ½큰술, 다진 마늘 ½큰술, 다진 파 1큰술, 참기름 ½큰술, 후춧가루 약간
고명 잣가루 1큰술

1 준비한 소고기에 향신즙과 과일즙, 포도주를 넣어 양념이 고기에 잘 배게 재운다.

2 볼에 준비한 양념 재료를 넣어 고루 섞은 뒤 1의 고기에 버무려 30분 정도 냉장 보관한다.
양념이 완전히 녹아야 고기를 구웠을 때 윤기가 고르게 나요.

3 예열된 두꺼운 팬에 2의 고기를 소량씩 굽는다. 고기를 뒤집을 때 제자리에서 굽지 말고 깨끗한 부분으로 옮겨가며 굽는다.
양파를 곱게 채 썰어 기름을 살짝 두른 팬에 소금으로 약하게 간하여 살짝 볶아서 접시에 깐 뒤 완성된 불고기를 담아보세요. 여기에 잣가루나 다진 호두를 고명으로 얹고, 파채를 곁들이면 손님 접대 음식으로 손색이 없답니다.

방풍나물무침

재료
방풍나물 300g, 소금물(물 5컵+소금½작은술, 향신즙 ½큰술은 나중에 추가), 향신장 ½큰술, 향신즙 ½큰술, 맛소금 약간

무침양념
향신장 ½큰술, 국간장 ½큰술, 고춧가루 1큰술, 소금·후춧가루 약간씩, 참기름 1작은술, 통깨 ½큰술

1. 방풍나물의 억센 줄기는 다듬고, 지저분한 부분을 제거한다.
2. 준비한 소금물이 팔팔 끓으면 향신즙을 넣고 1의 방풍나물을 넣어 삶은 후, 재빨리 찬물로 옮겨 쓴물을 뺀다.
3. 2의 방풍나물의 물기를 손으로 꽉 짠 뒤, 적당한 크기로 썰어 향신장과 향신즙, 소금으로 무쳐 15분간 재운다.
4. 3의 방풍나물의 물기를 다시 짠 뒤 준비한 무침양념 재료에 조물조물 무친다.

상추쌈과 달걀쌈장

재료
상추 150g, 참기름 1작은술

달걀쌈장
달걀 2개, 다진 풋고추 2큰술, 다진 홍고추 2큰술, 다진 양파 2큰술, 다진 버섯 2큰술, 된장 2~3큰술, 참기름 2큰술

1. 참기름 한 방울을 넣은 물에 상추를 잠깐 담갔다가 흐르는 물에 씻어, 체에 받쳐 물기를 뺀다.
2. 달걀은 깨서 풀어주고, 쌈장 재료의 채소들은 모두 곱게 다진다.
3. 팬에 향신유를 둘러 예열한 뒤 2의 달걀을 넣고 스크램블을 만들어 살짝 익으면 된장과 2의 채소, 참기름을 넣어 볶아 쌈장을 만든다.

봄나물 장아찌와 청국장 밥상

봄이면 지천으로 나는 나물로 밥상 가득 봄을 느낄 수 있다. 봄나물을 무침이나 볶음으로만 즐길 것이 아니라 장아찌로 담그면 새콤달콤하면서도 나물의 향은 그대로 살아 있는 반찬이 된다. 각종 봄나물의 향취를 머금은 장아찌 반찬을 만끽한 뒤, 밥을 조금만 남겨서 청국장으로 비벼 마무리하면 그야말로 봄 한 상 제대로 즐겼다 할 수 있다.

1 보리밥(21쪽 참고)
2 청국장찌개
3 두릅장아찌(260쪽 참고)
4 깻잎장아찌(258쪽 참고)
5 곰취장아찌(261쪽 참고)
6 달래무침

청국장찌개

재료
두부 ½모(100g), 호박 ⅓개 (70g), 풋마늘 ⅓뿌리, 대파 ⅓뿌리, 팽이버섯 ⅓봉지, 청양고추채 ⅓개 분량, 홍고추채 ¼개 분량, 향신즙·소금 약간씩

육수
멸치육수 3컵, 청국장 5큰술

1. 두부는 물로 한번 씻어 사방 2cm 크기로 깍둑 썰고, 호박도 두부와 같은 크기로 깍둑 썬다.

2. 깍둑 썬 두부와 호박은 각각 향신즙과 소금(or 국간장)을 뿌려 밑간한 뒤 나오는 물기를 제거한다.
두부 안에 머금은 간수를 빼기 위해 두부에 소금을 뿌려 15분간 재우듯 놓고, 물이 충분히 빠져나오면 물기를 제거한 후 사용하세요.

3. 풋마늘과 대파는 다듬어 어슷 썰고, 팽이버섯은 밑동을 잘라낸다.

4. 뚝배기에 멸치육수 절반 분량을 먼저 넣고 청국장을 푼 뒤 2의 호박을 넣고 끓인다.

5. 4의 호박에 간이 들면 남은 멸치육수와 2의 두부를 넣어 끓이다가 풋마늘과 팽이버섯, 대파, 청양고추채, 홍고추채를 넣어 살짝 더 끓인다.
재료의 단단하기가 다르므로 육수 일부와 호박을 먼저 넣고 끓이다가 살짝 끓으면 두부를 넣어 전체적으로 함께 끓여주세요. 호박과 두부가 끓어오르면 나머지 재료를 넣고 한소끔 더 끓이면 돼요.

달래무침

재료
노지달래 200g, 향신즙 ½큰술, 간장 ½큰술, 까나리액젓 1큰술

무침양념
향신즙 ½큰술, 향신장 1큰술, 물엿 1작은술, 고춧가루 1큰술, 홍고추채 ½큰술, 굴소스 1작은술, 통깨 1큰술

1. 달래는 지저분한 겉잎을 떼 내고 뿌리 부분을 깨끗이 다듬어 여러 번 씻어 흙을 제거한다.
2. 1의 손질한 달래에 향신즙과 간장, 까나리액젓을 섞어 절인 뒤 달래의 숨이 살짝 죽으면 체에 받쳐 물기를 뺀다.
3. 볼에 준비한 무침양념 재료를 섞은 후 2의 달래를 넣어 고루 무친다.

보양 잉어찜 밥상

잉어하면 보양식이나 산후조리용 식재료로 많이 알고 있지만, 봄철 나른해지기 쉬울 때 잉어로 찜을 만들어 먹으면 나른함은 물론 1년을 거뜬히 지낼 기운을 얻을 수 있다. 곁들임 찬으로 된장과 고추장으로 각기 버무린 오이무침을 더하면 봄의 기운과 신선함을 즐기는 밥상이 된다.

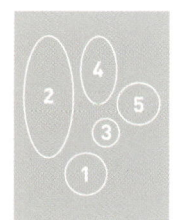

1 현미밥(22쪽 참고)
2 잉어찜
3 조개젓갈(264쪽 참고)
4 오이무침(된장, 고추장)
5 열무물김치(244쪽 참고)

잉어찜

재료
잉어 1마리, 메밀가루 6큰술, 전복(대) 1마리, 향신유 약간

잉어밑양념 향신즙 3큰술, 포도주 4큰술, 국간장 1큰술, 된장 1작은술, 식초 ⅓작은술, 참기름 1작은술, 소금·후춧가루 약간씩

고기소 간 소고기 100g, 다진 채소(양파, 마늘, 버섯, 달래 등) ½컵, 찹쌀가루 1큰술, 메밀가루 1큰술, 향신장 1작은술, 참기름 1작은술, 소금·후춧가루 약간씩

육수 멸치육수 3컵, 향신즙 1½큰술, 국간장·소금 약간씩

고명 황란지단채, 풋고추채, 홍고추채, 석이버섯채, 파채 각각 1큰술씩

1 잉어는 꼬리에 칼집을 넣어 실로 매달아 피를 빼고 비늘을 긁어 씻는다. 잉어의 배를 갈라 등 쪽으로 내려가는 핏줄을 긁어 키친타월로 깨끗이 닦아내고 등뼈를 제거한다. 머리는 송곳으로 찔러 나오는 노란즙을 제거한다.

2 잉어밑양념 재료를 한데 넣어 섞은 뒤 1의 잉어에 고루 묻혀 30분 이상 재운다.
생선을 재울 때 식초 1방울만 더 넣으면 비린맛을 제거하는 데 좋아요.

3 2의 잉어에 메밀가루 4큰술을 앞뒤로 고르게 묻혀 향신유를 두른 팬에 앞뒤로 살짝 지진다.

4 고기소 재료를 한데 넣어 끈기가 생기게 치댄 뒤 두 개의 덩어리로 만든다.

5 4의 고기소 두 덩어리를 타원형으로 빚어 메밀가루를 1큰술씩 묻혀 향신유를 두른 팬에 살짝 지진 뒤 3의 잉어 배 속에 한 덩어리씩 넣는다.

6 전복은 깨끗이 씻어 얇게 썬다.

7 냄비에 5의 잉어와 6의 전복을 펼치듯 고루 얹어 육수 재료를 넣고 센 불로 끓인다. 팔팔 끓기 시작하면 중간 불에서 10~15분 정도(잉어가 익을 정도) 조린다.

8 7의 잉어에 준비한 고명 재료를 얹어 3~5분 정도 더 익힌다.

봄

별미

봄에만 즐길 수 있는 푸짐한 봄나물 비빔밥에다가 디저트로 봄의 향기를 담은 진달래 화전까지, 밥상으로 봄나들이를 나온 기분이다.

비빔밥 밥상

1 비빔밥　　　4 화전
2 아욱국
3 나박김치(250쪽 참고)

비빔밥

Point 고수의 비법

호박을 먼저 소금과 향신즙으로 절여야 물이 살짝 빠지면서 단단해져 꼬들꼬들한 식감이 살아나요. 절이지 않으면 호박이 물컹해져서 밥 위에 얹으면 밥이 질어져요.

재료

불린 멥쌀 3컵, 불린 찹쌀 1컵, 멸치육수 4컵, 향신유 ½큰술, 참기름 ½작은술

도라지나물 깐 도라지 100g, 향신유 ½큰술, 소금 약간

호박나물 호박 ½개, 향신유 ½큰술, 향신즙 ½큰술, 소금 약간

오이나물 오이 ½개, 향신유 ½큰술, 소금 약간

고사리나물 데친 고사리 100g, 향신장 1작은술, 향신즙 ½큰술, 육수 4큰술, 향신유 ½큰술, 참기름 ½작은술

고기 고기 100g, 향신즙 ½큰술, 향신유 ½큰술, 향신장 1작은술

고추장양념 고추장 2큰술, 고운 고춧가루 1작은술, 육수 2큰술, 설탕 1큰술, 향신장 ⅓작은술

1. 멥쌀과 찹쌀을 섞어 멸치육수, 향신유를 약간 넣어 밥을 짓는다.
2. 깐 도라지는 길쭉하고 얇게 갈라 찬물에 담가 쓴물을 빼고, 향신유를 두른 팬에 소금을 약간 넣어 볶는다.
3. 호박은 채 썰어 소금과 향신즙에 살짝 절여 물기를 짜내고, 향신유를 두른 팬에 꼬들하게 볶는다.
4. 오이는 동글납작하게 썰어 소금에 살짝 절인 뒤 물기를 꼭 짜내고, 향신유를 두른 팬에 선명한 색이 나게 볶는다.
5. 데친 고사리는 찬물에 헹궈 물기를 꼭 짠 뒤 3cm 길이로 썰고, 향신장과 향신즙, 육수를 넣어 고루 무쳐 재운 뒤 향신유를 두른 팬에 약불로 조리듯 푹 볶는다. 물기가 없어질 때까지 볶은 뒤 참기름을 넣고 고루 섞는다.
6. 고기는 채를 썰어 향신즙에 재웠다가 향신유를 두른 뜨거운 팬에 재빨리 볶고, 향신장을 넣어 국물 없이 조린다.
7. 준비한 고추장양념 재료를 냄비에 넣어 고루 섞고, 약불로 살짝 끓인다.
8. 그릇에 밥을 담고 접시에 2, 3, 4, 5, 6의 나물과 고기 고명을 둘러 담은 뒤 7의 고추장과 참기름을 따로 낸다. 나물과 참기름으로만 비벼 먹다가 남은 두 숟가락 정도는 고추장을 넣고 먹어보세요.

아욱국

재료

아욱 300g, 멸치육수 5컵, 볶은 밀가루(or 미숫가루) ½큰술, 향신즙 1큰술, 국간장 1작은술, 홍합살 30g(or 잔새우 50g), 파채 약간, 된장 3큰술

1. 아욱은 줄기를 꺾어 껍질을 벗긴 다음 바락바락 주물러 풋내와 녹즙을 뺀다.
2. 1의 아욱을 물에 헹궈 물기를 꼭 짜고 적당한 길이로 썰어 볶은 밀가루와 향신즙, 국간장에 무친다.
3. 멸치육수에 된장을 체로 풀어 넣는다.
4. 3의 육수에 2의 아욱을 넣고 누렇게 될 때까지 충분히 끓인다.
   덜 끓이면 아욱 비린내가 날 수 있어요.
5. 4에 홍합살과 파채를 넣고 살짝 더 끓인다.

화전

재료

찹쌀가루 1컵, 끓는 물 1컵, 소금 약간, 식용꽃(진달래, 흰 매화, 쑥잎) 20g(15~20장), 향신물(향신유 1작은술+물 ⅓컵), 집청(40쪽 참고) 4큰술, 향신유 약간

1. 찹쌀가루에 소금을 약간 넣고 섞은 뒤 고운체에 내린다.
2. 1의 찹쌀가루에 끓는 물을 한 수저씩 넣어가며 농도를 맞춰 익반죽한다. 반죽은 치대듯 많이 주무른다.
3. 2의 익반죽한 찹쌀을 도톰하게 모양을 잡아 준비하고, 식용꽃은 마른행주로 깨끗이 닦는다.
4. 향신물을 준비하고, 약불로 예열된 팬에 향신유를 조금 둘러 고루 코팅한다.
5. 예열된 팬에 3의 모양을 잡은 반죽을 올려 납작하게 눌러주고, 찹쌀 반죽이 터지거나 마르지 않도록 약불에 구우면서 향신물을 발라준다.
6. 5의 반죽이 어느 정도 구워지면 한 면에 3의 식용꽃을 올리고 살짝 접착하듯 다시 굽는다.
   처음부터 반죽에 꽃을 붙이면 구워지면서 색이 변해요.
7. 완성된 화전을 집청에 버무려 접시에 담는다.

2부 1장_몸을 깨우는 봄 밥상

봄

별미

주말 점심에 뭘 먹을지 고민이 된다면, 간단하게 잔치국수로 해결해보자. 멸치육수의 감칠맛과 잔치국수에 올린 색색의 여러 고명 때문에 김치 하나만 있어도 만족스러운 밥상이 된다.

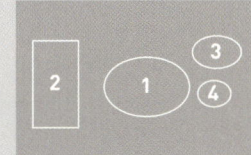

잔치국수 밥상

1 잔치국수 4 양념장
2 콩찰편
3 배추김치(232쪽 참고)

잔치국수

Point 고수의 비법

국수를 삶아서 얼음물에 식힌 후 물기를 빼고 곧바로 약간의 향신유에 버무리면 국수가 잘 붇지 않고 서로 들러붙지도 않아 좋아요.

재료

국수 1봉(400~500g), 물(국수의 10배 분량)

호박 고명 호박 ½개, 향신즙 ½큰술, 향신유, 맛소금 · 고운소금 약간씩

표고&고기 고명 표고버섯채 50g, 고기채 100g, 향신장 1½큰술, 향신즙 ½큰술, 향신유 ½큰술

잔새우 고명 데친 잔새우 100g

황란지단 황란(노른자) 1개, 녹말가루 1작은술, 향신유 ¼작은술

육수 멸치육수 6컵, 굵은소금 · 국간장 · 맛소금 약간씩

양념장 진간장 1½큰술, 육수 2큰술, 국간장 1작은술, 고춧가루 1작은술, 다진 마늘 1작은술, 다진 파 1큰술, 통깨 ½큰술

양념장에 달래만 더 썰어 넣어 달래간장으로 만들면 향긋함이 더해져요.

1 잔치국수에 올릴 고명부터 준비한다. 호박은 채 썰어 소금에 살짝 절여 꼭 짠 뒤 향신즙을 넣고, 향신유를 두른 팬에 볶는다.
호박은 끓어지지 않게 절여서 꼬들하게 볶아야 해요, 기름으로 팬을 코팅할 때는 키친타월에 기름을 살짝 묻혀 팬을 닦으세요. 기름을 너무 많이 넣으면 안 돼요.

2 표고버섯채는 고기채와 함께 향신장, 향신즙에 무쳐 향신유를 두른 팬에 물이 생기지 않게 볶는다.

3 잔새우는 끓는 향신물에 데쳐 저민다.

4 황란에 녹말가루를 넣고 잘 풀어서 향신유를 두른 팬에 지단을 부친다.

5 냄비에 육수 재료를 넣고 간을 해서 끓인다.

6 볼에 준비한 양념장 재료를 넣고 고루 섞는다.

7 국수를 삶을 냄비에 물을 끓여 국수를 넣고 삶는다.
국수가 끓어오르면 찬물을 붓고 다시 끓여주세요. 이 과정을 2번 반복하세요. 삶은 국수는 퍼지지 않도록 재빨리 건져 얼음물에 식힌 후 향신유에 버무려주면 돼요(사진).

8 그릇에 물기를 뺀 국수 사리를 만들어 담고 고명을 얹은 후, 끓는 육수를 넣고, 6의 양념장을 곁들인다.
그릇에 담기 직전, 국수를 체에 놓고 뜨거운 육수에 한 번 담그면 국수에 온기가 깃들어 더욱 따뜻한 잔치국수를 맛볼 수 있어요.

콩찰편

재료
불린 검정콩 1컵, 꽃소금 ½작은술, 집청 5큰술

쌀가루
찹쌀가루 6컵, 설탕 ⅓컵, 꽃소금 ½큰술, 국간장 1작은술, 집청 2큰술, 물 2큰술

고명
밤채 3큰술, 대추채 3큰술, 잣 3큰술

1. 검정콩은 깨끗이 씻어 6시간 불렸다가 체에 건져 물기를 빼고 꽃소금을 뿌려 잘 섞는다.
2. 밤은 가늘게 채 썰고, 대추는 씻어 물기를 닦아 돌려 깎고 씨를 발라낸 다음 채 썬다.
3. 찹쌀가루에 설탕, 소금, 국간장, 집청, 물을 넣어 손바닥으로 비벼 체에 내린다.
4. 찜기에 젖은 면포를 깔고 콩을 깐 다음 3의 찹쌀가루를 2cm 정도 두께로 평평하게 깔고 채 썬 밤, 대추와 잣을 고명으로 얹어 김이 오른 찜기에 30분 찐다.
   찜기에 깐 면포가 냄비 밖으로 나올 정도로 클 때는 찜기에 뚜껑을 덮은 후 뚜껑 위로 면포를 올려주세요. 그렇지 않으면 면포에 불이 붙을 수도 있어요.
5. 4를 찜통에서 꺼내 뜨거울 때 집청을 앞뒤로 바르고 식혀서 먹기 좋은 크기로 썬다.
   찜통에서 갓 나왔을 때 집청을 고루 발라줘야 수증기가 증발되지 않아 떡이 부드러워요.

봄

별미

해산물과 봄나물을 한데 넣어 끓인, 봄을 가장 향기롭게 만날 수 있는 해물과 봄나물전골에 오이소박이물김치만 있어도 남부럽지 않다. 여기에 고추장멸치볶음 하나만 더하면 식감까지 다양하게 느낄 수 있는 밥상이 된다.

해물과 봄나물전골 밥상

1 잡곡밥(21쪽 참고)
2 해물과 봄나물전골
3 고추장멸치볶음
4 오이소박이물김치(246쪽 참고)

해물과 봄나물전골

재료
병어 1마리, 꽃게 1마리, 새우 5마리, 밀가루 2큰술, 두부 ½모, 홍고추채 ½큰술, 손질한 달래 20g, 팽이버섯 50g, 소금 약간

해물밑간양념
향신즙 2큰술, 국간장 1큰술, 포도주 1큰술, 소금·후춧가루 약간씩

육수
멸치육수 6컵, 보리새우 30g, 콩나물 30g, 다시마(8*8cm) 1장

육수양념
된장 ½큰술, 향신즙 ½큰술, 국간장 1½큰술, 소금 약간

봄나물무침양념
데친 냉이 50g, 데친 두릅 40g, 볶은 밀가루 ½큰술, 향신즙 1큰술, 참기름 1작은술, 소금 약간

1 병어는 머리와 중뼈를 제거하고 3~4등분으로 자른다. 꽃게는 다듬어 자르고 새우는 등과 내장, 수염을 제거한다.
2 준비한 해물밑간양념 재료를 한데 넣어 섞은 뒤 1의 손질한 해물(병어, 꽃게, 새우)을 재운다.
3 2의 병어는 밀가루를 앞뒤로 살짝 두드려 묻힌 후 예열된 팬에 익힌다.
4 냄비에 육수 재료를 넣어 팔팔 끓이다가, 건더기를 건진 뒤 육수양념을 풀어 간을 맞춘다.
5 데친 냉이와 두릅은 물기를 짠 뒤 먹기 좋은 크기로 썰어 볶은 밀가루와 향신즙, 참기름, 소금에 각각 무치고, 두부는 2cm 두께로 길게 썰어 소금에 재워 물기를 뺀다.
6 전골냄비에 2, 3의 해물과 5의 봄나물과 두부를 골고루 둘러 담고 4의 육수를 넣어 한소끔 끓인다.
7 6에 홍고추채와 달래, 팽이버섯을 올려 상에서 끓이면서 먹는다.

2장

활력 넘치는 여름 밥상

더운 여름에는 입맛도 없어지고 요리할 엄두도 나지 않게 마련이지요. 이럴 때일수록 더운 여름에 알맞은 메뉴로 밥상을 차려 가족의 입맛을 돋우고 보양을 해줘야 합니다. 덥다고 대충 먹으면 기운이 더 없어지는 법이니까요. 몸의 열은 식히고 기운은 돋을 수 있는 밥상이 필요합니다.

여름에 하는 '보양'은 더위를 이기는 것뿐 아니라 미리 한겨울을 나기 위해 건강한 몸을 만드는 것까지 포함합니다. 시원한 음식으로 더위만 물리칠 게 아니라, 이열치열의 원리로 몸의 기운을 잡아주는 음식도 있어야 몸과 마음이 활력을 찾는다는 걸 잊지 마세요.

또 여름하면 빼놓을 수 없는 것, 바로 다양한 과일입니다. 맛있는 과일로 여러 가지 청을 만들어 설탕 대신 사용할 양념으로 준비하고, 말려서 간식이나 후식 또는 차로 우려내 마셔보세요. 건강하게 여름을 보낼 수 있을 거예요. 그럼 이제부터 활력이 넘치는 여름 밥상을 함께 만들어볼까요?

깻잎순나물과 호박전 밥상

여름에는 찬 음식보다는 몸을 따뜻하게 해주는 음식으로 몸을 보해야 건강하게 여름을 날 수 있다. 따끈한 콩나물김치국에 나물무침과 호박전은 수수하지만 건강함이 느껴진다. 여름방학에 외할머니 댁 마루에서 맛보던 소박하지만 정성스런 밥상. 몸은 개운하게, 마음은 따뜻하게 해주는 밥상이다.

1 백미밥(19쪽 참고)
2 콩나물김치국
3 호박전
4 깻잎순나물
5 무나물
7 부추김치(236쪽 참고)

호박전

재료
호박 1개, 향신즙 1큰술,
고운소금 약간, 밀가루 약간,
달걀 1개, 향신유 적당히

양념
풋고추 1개, 홍고추 ½개,
쪽파 1뿌리, 마늘 1쪽, 향신장
½작은술, 통깨 1작은술,
참기름 ⅓작은술

1 호박은 5mm 정도 두께로 썰어 향신즙과 고운소금에 10분간 절인다.
2 1의 절인 호박의 물기를 마른 면보자기로 살짝 닦고 밀가루를 묻혀 잘 두드려 턴 다음 달걀물을 입혀 향신유를 두른 예열된 팬에 부친다.
호박의 색이 선명하게 되도록 중불 이하에서 부치는 것이 좋아요.
3 풋고추와 홍고추는 반으로 갈라서 씨를 털어낸 뒤 다진다.
4 쪽파는 송송 썰고, 마늘은 다진다.
5 볼에 다진 고추와 쪽파, 마늘을 넣고 향신장과 통깨, 참기름을 넣어 고루 섞어 양념을 만든다.
6 접시에 2의 호박전을 담고 5의 양념을 호박전 중앙에 조금씩 올린다.

콩나물김치국

Point 고수의 비법

콩나물과 김치는 익는 시간이 서로 다르기 때문에 콩나물은 먼저 데쳐놓고 마지막에 넣는 것이 좋아요. 그래야 특유의 아삭함도 살리고 너무 오래 끓여 비린 맛이 날 걱정도 없지요.

재료
콩나물 150g, 고운소금 1작은술, 물 2컵, 김치 100g, 대파 5cm, 홍고추 ½개

육수
멸치육수 3컵, 국간장 ⅓작은술, 까나리액젓 1작은술, 굵은소금·고운소금 약간씩

1. 콩나물은 씻어서 냄비에 담고, 고운소금을 뿌려 10분 정도 둔다.
2. 1에 물 2컵을 넣고 뚜껑을 덮어 살짝 데치듯 끓여 건져낸다.
3. 김치는 물에 씻어 송송 썰고, 대파와 홍고추는 어슷하게 썬다.
4. 다른 냄비에 멸치육수를 넣고 간을 맞춰 끓인 뒤 3의 송송 썬 김치를 먼저 넣고 끓이다가 2의 데친 콩나물과 3의 대파와 홍고추를 넣어 한소끔 더 끓인다. 기호에 따라 고춧가루를 약간 넣어도 좋다.

깻잎순나물

재료
깻잎순 150g, 꽃소금 약간, 대파채 2큰술, 홍고추채 1작은술, 향신유 약간

무침양념
향신장 ¼작은술, 향신즙 1작은술, 다진 마늘 1작은술, 깨소금 1작은술, 참기름 1작은술, 들기름 1작은술, 고운소금 약간

1. 깻잎은 억센 줄기를 제거한 뒤 흐르는 물에 씻고 끓는 소금물에 데쳐 재빨리 찬물에 헹군다.
2. 1의 데친 깻잎은 물기를 꼭 짜서 먹기 좋은 크기로 썬다.
3. 볼에 무침양념 재료와 2의 깻잎을 넣어 조물조물 무친다.
4. 예열된 팬에 향신유를 두르고 3의 깻잎을 넣어 색이 선명해질 때까지 살짝 볶다가 대파채와 홍고추채를 고명으로 얹는다.
   양념한 깻잎은 센 불에 살짝 볶는 것이 좋아요.

무나물

재료
무 150g, 물 ½컵, 향신즙 약간

무침양념
향신즙 ½큰술, 참기름 1작은술, 국간장 ⅓큰술, 대파채 1작은술, 홍고추채 1작은술, 고운소금 약간

익힘양념
멸치육수 ¼컵, 향신유 약간, 참기름 약간

1. 무는 껍질을 벗겨 길이 6cm, 두께 0.3cm로 채 썰어, 끓는 물에 향신즙을 약간 넣고 데친다.
   간혹 무가 맵거나 너무 달 때 끓는 향신물에 데치면 맛도 균일해지고 오래 볶지 않아도 잘 익어요.
2. 볼에 무침양념 재료와 1의 무(데친)를 넣어 간한다.
3. 예열된 팬에 향신유를 두르고 2의 무를 넣어 육수를 부어가며 볶다가 참기름을 넣고 익힌다.

열무김치와 닭고기냉채 밥상

연일 이어지는 더위로 입맛을 잃었다면 새콤달콤한 닭고기냉채를 전채 요리로 시작해 입맛을 돋워보자. 보리밥과 보리밥의 짝꿍 열무김치를 더하면 돌아섰던 입맛도 되찾을 수 있다. 보리밥을 조금 남겨 열무김치와 약고추장에 쓱쓱 비벼먹으면 더욱 좋다.

1 보리밥(21쪽 참고) 4 멸치볶음
2 배춧국 5 열무김치(234쪽 참고)
3 닭고기냉채 6 약고추장

닭고기냉채

재료
닭고기(닭다리살) 200g, 오이 ½개, 더덕 1뿌리, 배 ¼개, 홍고추 ½개, 향신유 약간, 단촛물 3컵

닭고기 밑양념
향신즙 1큰술, 국간장 1큰술, 매실청 ½큰술, 소금·후춧가루 약간씩

닭고기 2차양념
겨자초장 2큰술(40쪽 참고), 조청 1큰술, 향신즙 ½큰술, 유자청 1작은술

냉채소스
오디(or 블루베리) ½컵, 향신즙 1큰술, 배즙 2큰술, 향신장 1큰술, 겨자초장 1½큰술, 유자청 1작은술, 꿀 ½큰술, 조청 3큰술, 소금 약간

1 닭다리살의 포를 떠 준비한 닭고기 밑양념 재료에 15분간 재운다. 예열된 팬에 향신유를 두르고 재운 닭다리살을 올려 중불에서 앞뒤로 구우며 알맞게 익힌다.
닭고기는 냉채에 들어가는 재료인 만큼 노릇하게 굽기보다는 깔끔하게 굽는 것이 보기에 좋아요.
2 1의 익힌 닭고기를 적당히 찢거나 어슷하게 슬라이스한 뒤 닭고기 2차양념 재료에 고루 묻혀 냉장고에 두고 차게 식힌다.
3 오이는 반으로 잘라 씨를 뺀 후, 얇게 어슷 썰고, 더덕은 껍질을 벗겨 얇게 어슷 썬다. 배도 오이 크기로 얇게 썰고 홍고추도 반으로 갈라 씨를 빼서 어슷 썬다. 냉채에 들어갈 채소는 단촛물에 살짝 담근 후 물기를 뺀다.
4 준비한 냉채소스 재료를 믹서에 넣어 곱게 갈아 냉장고에서 차게 식힌다.
5 먹기 직전에 2의 차게 식힌 닭고기와 3의 채소를 그릇에 담고 4의 차게 식힌 소스를 곁들인다.

배춧국

Point 고수의 비법

배추는 먼저 데치고 찢어 물기를 제거한 뒤 볶은 밀가루, 향신즙, 참기름, 국간장으로 간이 배도록 조물조물 무쳐요. 볶은 밀가루를 함께 넣어 버무리면 나중에 국을 끓일 때 국물에 윗물 아랫물이 생기지 않고 맛도 더 구수해져요.

재료
배추 400g, 대파 ½뿌리, 팽이버섯 ½봉, 풋고추 1개, 소금 약간

배추양념 볶은 밀가루 1큰술, 향신즙 1큰술, 참기름 1작은술, 국간장 1작은술, 소금 약간

소고기육수 물 6컵, 양지머리 100g

고기양념 국간장 ½작은술, 참기름 ½작은술, 향신즙 ½작은술

육수양념 소고기육수 5컵, 향신즙 1½큰술, 된장 3~4큰술, 고추장 1작은술, 고춧가루 ⅓작은술, 쌀뜨물 2컵

1. 배추는 소금물에 데친 뒤 적당히 찢어 물기를 빼고, 배추양념 재료로 조물조물 무친다.
2. 냄비에 소고기육수 재료를 넣어 30분 이상 푹 끓여 소고기육수를 내서 고운체에 받쳐 맑은 국물만 거르고, 양지머리는 결대로 찢어 고기양념 재료에 무친다.
3. 대파는 고기와 비슷한 길이로 잘라 곱게 채 썰고, 팽이버섯은 밑동을 잘라 버리고, 풋고추는 길이로 반을 갈라 씨를 털어내고 곱게 채 썬다.
4. 냄비에 2의 육수와 육수양념 재료를 넣고 잘 섞은 뒤 1의 배추를 넣고 센 불에 끓인다.
5. 4가 다 끓으면 2의 양념에 무친 양지머리와 3의 대파채, 팽이버섯, 풋고추채를 넣어 살짝 더 끓인다.

멸치볶음

재료
잔멸치 200g, 향신유 4큰술, 다진 풋고추 3큰술, 통깨 1큰술

볶음양념
향신즙 1큰술, 향신장 1작은술, 설탕 1큰술, 물엿 1큰술, 참기름 1작은술

1. 잔멸치를 체에 담아 흐르는 물에 재빨리 씻어 염분을 제거한 뒤 마른 팬에서 약불로 볶아 수분을 날려 없앤다.
2. 1의 잘 말린 멸치에 향신유를 둘러 바삭하게 볶는다.
3. 다른 팬에 준비한 볶음양념 재료를 넣어 끓인 뒤 거품이 생기면 2의 볶은 멸치를 넣어 살짝 볶는다.
   마른멸치의 간에 따라 볶음양념의 향신장 양을 조절하세요.
4. 3에 다진 풋고추와 통깨를 뿌려 마무리한다.

약고추장

재료
다진 소고기 1½큰술, 고운 고춧가루 ½작은술, 조청 1큰술, 소고기육수 3큰술, 고추장 3큰술

1. 팬에 다진 소고기와 고운 고춧가루, 조청, 육수를 넣고 덩어리지지 않게 풀어준 뒤 약불에 끓인다.
   불에 올리기 전에 고기를 고루 풀어주는 것이 좋아요. 그렇지 않으면 고기가 덩어리져 뭉친 양념이 되기 쉽거든요.
2. 1이 살짝 끓어오르면 고추장을 넣어 고루 풀어주고 지룩하게 졸인다.

차돌박이와 꽈리고추 폭조림 밥상

더울 때일수록 골고루 갖추어진 영양 밥상으로 식욕 불감으로부터 벗어나 보자. 차돌박이와 꽈리고추로 폭조림을 하고, 가지가 있다면 가지무침, 버섯이 있으면 버섯국에 도전해보자. 여기에 고등어를 생선기본재움양념에 살짝 재웠다가 살 안쪽에만 밀가루를 묻혀 향신유에 구워내면 풍성한 밥상이 된다.

1 완두콩밥(20쪽 참고)
2 버섯국
3 차돌박이와 꽈리고추 폭조림
4 통통가지무침
5 멍게젓갈(265쪽 참고)
6 배추김치(232쪽 참고)

차돌박이와 꽈리고추 푹조림

Point 고수의 비법

꽈리고추에 포크로 구멍을 내면 양념이 잘 배고 조릴 때 숨을 죽이기 좋아요.

재료

꽈리고추 300g, 굵은소금 1작은술, 차돌박이채 50g, 풋고추채 1큰술, 향신즙 1큰술, 참기름 1작은술, 통깨 ½큰술, 향신유 약간

조림양념
향신장 4큰술, 향신유 1큰술, 육수 ⅓컵

1. 꽈리고추는 꼭지를 떼 내고 흐르는 물에 깨끗이 씻은 뒤 포크로 구멍을 내고 소금에 20분 정도 절였다가 다시 씻는다. 길거나 큰 것은 절반쯤 자른다.

2. 1의 고추를 향신유를 두른 팬에 볶다가 조림양념 재료를 넣고 뚜껑을 덮어 약불로 조린다.

3. 2의 고추가 완전히 푹 익어 부드러워지면 차돌박이채와 풋고추채, 향신즙, 참기름, 통깨를 뿌리고 다시 뚜껑을 덮는다. 차돌박이채가 익으면 섞어서 볶아준 후 불을 끈다.
꽈리고추를 꼭꼭 눌러주면서 조리면 꽈리고추의 숨이 죽어 양념이 고루 잘 배요.

버섯국

재료
느타리버섯 150g, 움파(or 대파) ½뿌리, 소금·백후춧가루 약간씩

육수
소고기육수 4컵, 국간장 1큰술, 굵은소금 1작은술, 향신즙 1작은술, 백후춧가루 약간

1. 느타리버섯은 결대로 길게 두세 번 찢고 움파는 어슷하게 썰어 소금으로 밑간한다.
2. 냄비에 준비한 육수 재료를 넣어 간을 맞추고 한소끔 끓인다.
3. 2의 국물이 끓으면 1의 버섯과 움파를 넣고 한소끔 끓여 불을 끈다.
4. 3을 국그릇에 담고 백후춧가루를 뿌린다.

통통가지무침

재료
가지 2개

밑양념 향신장 ¼작은술, 향신즙 ½큰술, 소금·후춧가루 약간씩

무침양념 다진 마늘 1작은술, 다진 파 ½작은술, 통깨 1작은술, 참기름 ½작은술, 홍고추채 1작은술, 풋고추채 ½작은술, 진간장 ½작은술, 꽃소금 약간

1. 가지는 길게 반으로 갈라 준비한 밑양념 재료를 섞어서 고루 뿌린다.
2. 1의 가지의 자른 면이 위로 오게 해 찜통에 담아 살짝 무를 정도로 찐다.
3. 2의 찐 가지를 살짝 식힌 뒤 손으로 곱게 찢어 체에 밭쳐 물기를 뺀다.
   손으로 짜면 가지가 금세 물러지기 때문에 체에 밭쳐 물기를 빼는 것이 좋아요.
4. 볼에 준비한 무침양념 재료를 넣고 고루 섞어 먹기 직전에 가지를 무쳐 그릇에 담는다. 취향에 따라 고춧가루를 1작은술 정도 넣어도 좋다.

두부찜과 고등어김치찌개 밥상

여름이면 식중독 등 음식으로 탈이 날 수 있어 신경 쓰이게 마련이다.
여름이라 생선 먹기가 꺼려진다면 김치찌개에 넣고 푹 끓여 먹어보자.
음식으로 탈 날 걱정 없이 영양도 챙길 수 있다.

1 호랑이콩밥(21쪽 참고)
2 고등어김치찌개
3 쑥갓나물
4 오이소박이물김치(246쪽 참고)
5 삶은명란젓무침
6 두부찜

두부찜

재료
부침두부 1모, 향신즙 1큰술, 소금·
후춧가루 약간씩, 밀가루 2큰술,
녹말가루 1큰술, 향신유 약간

고기소
소고기채 50g, 향신장 1큰술,
향신즙 ½큰술, 포도주 ½큰술

고명
파채 1큰술, 홍고추채 1작은술,
풋고추채 1큰술, 팽이버섯 ⅓봉,
찹쌀가루 2큰술, 참기름 1작은술,
소금·후춧가루 약간씩

양념장
향신즙 ½큰술, 향신장 3큰술,
고춧가루 ½큰술, 파채 2큰술,
통깨 1큰술

1 두부는 두께 2cm, 넓이 3cm, 길이 5cm로 썰어 향신즙과 소금, 후춧가루에 20분 이상 재워 물이 나오면 체에 밭쳐 물기를 뺀다.
2 1의 두부에 밀가루와 녹말가루를 살짝 뿌려 향신유를 두른 팬에 노릇하게 구워 식힌다.
3 소고기채를 팬에 넣고 향신장, 향신즙, 포도주를 넣어 살짝 볶는다.
4 고명 재료는 한데 넣어 살살 섞고, 양념장 재료도 한데 넣어 섞는다.
5 접시에 2의 구운 두부를 깔고 그 위에 3의 고기를 얹고 양념장을 올리고, 다시 그 위에 두부와 고기, 양념장 순서로 올린다. 맨 위에 고명을 올리고 찜통에 넣어 5분간 찐다(두부→고기→양념장→두부→고기→양념장→고명 순서).

고등어김치찌개

Point 고수의 비법

김치를 향신유와 양념으로 조물조물 무친 후 볶다가 끓이면 말캉말캉한 김치찌개가 금세 만들어져요.

재료
김치 ¼포기, 향신유 1큰술, 참기름 ½큰술, 포도주 ½큰술, 멸치육수 1컵, 팽이버섯 ½봉, 풋고추 1개, 홍고추 1개, 대파 ½뿌리

고등어양념
고등어 1마리, 향신즙 ½큰술, 포도주 ½큰술, 소금 약간

육수
멸치육수 2컵, 김치국물 ½컵

1. 김치는 윗부분만 잘라 길이로 찢은 후 냄비에 넣고 향신유, 참기름, 포도주를 넣어 고루 주물러 무친다. 양념한 김치를 냄비에서 완전히 푹 익히듯 볶다가 육수를 넣어 약불로 푹 끓인다.

2. 고등어는 뼈를 제거하고 토막 내 고등어양념 재료에 재운다.
   고등어를 소금에 재워야 살이 단단해져서 잘 부서지지 않아요. 재울 때는 살이 부서지지 않도록 뒤적이지 않아야 해요.

3. 1의 김치찌개가 끓으면 2의 재운 고등어와 육수 재료를 함께 넣어 약불로 푹 끓인다.

4. 팽이버섯은 밑동을 제거한 뒤 길이로 반을 썰고, 풋고추와 홍고추, 대파는 어슷 썬다. 먹기 전에 3의 찌개에 팽이버섯과 풋고추, 홍고추, 대파를 넣어 한소끔 더 끓인다.

쑥갓나물

재료
쑥갓 200g, 향신물 넉넉히, 국간장 1작은술, 향신장 ½큰술

양념
다진 땅콩 2큰술, 통깨 ½큰술, 다진 마늘 1작은술, 소금·후춧가루 약간씩

1. 쑥갓은 억센 줄기를 다듬어서 끓는 향신물에 살짝 데쳐 찬물로 재빨리 옮겨 식힌다.
2. 1의 데친 쑥갓의 물기를 꼭 짠 뒤 적당히 썰어 국간장과 향신장에 무쳐 15분간 둔다.
3. 2의 나물의 물기를 다시 한 번 살짝 짜내고 양념 재료에 조물조물 무쳐 그릇에 담는다.

삶은 명란젓무침

재료
백명란젓 500g, 향신물 1컵(물 1컵+향신즙 ½큰술)

무침양념
다진 홍고추·풋고추 ½큰술씩, 참기름 ½큰술, 다진 마늘 ½큰술

1. 끓는 향신물에 백명란젓을 돌려가며 데친다. 향신물은 명란이 잠길 정도로 준비해요.
2. 1의 명란이 속까지 익으면 5mm 두께로 썬다.
3. 2의 명란을 무침양념 재료에 무친다.

새우젓호박국과 양념장어조림 밥상

유독 여름에는 쉽게 피로함을 느끼게 된다. 이럴 때 장어로 기력을 충전하고, 녹두로는 몸속 해로운 독소를 해독하면 좋다. 여기에 소화를 돕는 새우젓으로 끓인 호박국까지 있으면 조금만 먹어도 속이 든든해진다.

1 녹두밥(20쪽 참고)
2 새우젓호박국
3 연근조림
4 오이김치(242쪽 참고)
5 도라지무침
6 양념장어조림

새우젓호박국

재료

호박(작은 것) 1개, 두부 ¼모, 까나리액젓 ½큰술, 향신즙 1작은술, 소금 약간, 홍고추채 1큰술, 대파채 1큰술, 팽이버섯 ½봉, 쑥갓잎 약간

육수

멸치육수 3컵, 새우젓 ½큰술, 국간장·굵은소금·맛소금 약간씩

1 호박은 반달썰기 하고, 두부는 깍둑썰기 해서 각각 액젓과 향신즙, 소금에 15분간 절인 뒤 체에 밭친다.
2 육수에 들어가는 새우젓은 곱게 다져서 준비한 육수 재료와 함께 팔팔 끓인 뒤 체에 밭쳐 국물을 거른다.
건더기가 없는 맑은 국물을 만들어야 해요.
3 2의 육수를 다시 끓여 팔팔 끓으면 호박을 먼저 넣고 한소끔 끓이다가 두부를 넣어 다시 한소끔 더 끓인다.
4 3에 홍고추채와 대파채, 팽이버섯, 쑥갓잎을 넣어 살짝 끓여 마무리한다.
남은 명란젓이 있으면 넣어서 살짝 끓여 먹으면 더 맛있어요.

양념장어조림

재료
장어 2마리, 녹말가루 3큰술, 향신유 5큰술

밑양념 향신즙 2큰술, 포도주 2큰술, 향신장 ½작은술, 참기름 1작은술, 소금·후춧가루 약간씩

양념 고추기름 1큰술, 향신장 2큰술, 향신즙 1작은술, 겨자초장 1작은술, 설탕 1작은술, 참기름 1작은술

곁들임채소 통마늘 15개, 홍고추 2개, 풋고추 2개, 호두 10개

1. 장어는 칼등으로 깨끗이 긁어 씻어 배를 갈라 뼈를 바르고, 키친타월로 피를 깨끗이 닦아낸다.
2. 밑양념 재료를 한데 넣어 고루 섞은 뒤 1의 장어에 골고루 묻혀 30분간 재운다.
3. 2의 재운 장어에 녹말가루를 묻혀 예열된 팬에 향신유를 넉넉히 둘러 약불에 튀기듯 앞뒤로 굽는다.
4. 볼에 준비한 양념 재료를 넣어 고루 섞는다.
5. 먹기 직전에 3의 장어를 팬에 올려 4의 양념을 발라가며 굽듯이 조린다.
6. 곁들임채소를 깨끗이 씻고 홍고추와 풋고추, 호두를 통마늘 크기로 썰어 준비하고, 통마늘을 삶아 익힌다.
7. 다른 팬에 향신유를 살짝 둘러 6의 곁들임채소를 함께 볶아 5의 장어조림에 곁들인다.

Point 고수의 비법

장어를 초벌구이 할 때는 자작한 기름을 두른 팬에 장어의 안쪽 부분의 살부터 높지 않은 온도에 익혀야 해요. 그래야 장어가 도르르 말리지 않아요.

연근조림

재료
연근 100g, 식초 ½작은술 (or 향신물 3컵)

조림양념
진간장 1큰술, 향신장 2큰술, 물엿 1큰술, 통깨 ½작은술, 물 ½컵

1. 연근은 껍질을 벗기고 3mm 두께로 썰어 끓는 물에 식초를 넣고 연근이 거의 익을 때까지 삶은 후 건진다.
2. 냄비에 1의 삶은 연근과 준비한 조림양념 재료를 넣어 약불에 조린다.
3. 2의 국물이 없어질 때까지 윤기 나게 조린 뒤 통깨를 뿌린다.

도라지무침

재료
도라지 100g, 오이 ½개, 홍고추채 1작은술

절임양념
설탕 1큰술, 식초 1큰술, 향신즙 1작은술, 소금 약간

무침양념
고춧가루 1큰술, 물엿 ½큰술, 국간장 ½작은술, 향신즙 1작은술, 다진 마늘 1작은술, 설탕 약간, 참기름 1방울, 소금 약간

1. 도라지는 손으로 가늘게 찢는다.
2. 오이는 돌려 깎아 채 썬다.
3. 1의 도라지와 2의 오이를 그릇에 담아 준비한 절임양념 재료에 무쳐 5분간 두었다가 체에 밭쳐 물기를 뺀다.
4. 큰 볼에 준비한 무침양념 재료를 넣어 고루 섞고, 3의 도라지와 오이, 홍고추채를 넣어 조물조물 무친다.

메밀국수와 초계탕 밥상

여름의 보양식으로 빼놓을 수 없는 것이 바로 삼계탕이지만, 계속되는 무더위로 뜨거운 음식이 꺼려진다면 시원하게 먹을 수 있는 초계탕이 제격이다. 먹을 때는 시원하지만 속은 따뜻하게 보해주는 보양식 밥상이다.

1 초계탕
2 배추겉절이(230쪽 참고)
3 메밀국수

초계탕

재료
닭 1마리, 데친 전복 ½마리,
잔새우 5마리, 향신유 1큰술,
메밀국수 1타래, 오이채 1큰술,
배채 1큰술, 황란지단 1큰술

닭 삶는 양념
향신즙 3큰술, 국간장 1큰술,
포도주 1큰술, 매실즙 1큰술,
참기름 1작은술, 황기뿌리 약간,
수삼 ⅓뿌리, 건고추 1개, 통후추·
소금·후춧가루 약간씩, 물 넉넉히
(잠길 정도)

닭무침양념
향신즙 ½큰술, 국간장 1작은술,
소금·후춧가루 약간씩

초육수
닭육수 2컵, 식초 1½큰술,
겨자초장 1큰술, 설탕 1큰술,
꿀 1작은술, 소금 약간

1 닭은 흐르는 물에 깨끗이 씻어 기름을 제거한다.
2 냄비에 닭 삶는 양념 재료를 넣어 팔팔 끓인 뒤 1의 닭을 삶아 건져 식힌 뒤 먹기 좋은 크기로 찢는다.
너무 식으면 찢기 어려우니 한 김 빠지면 곧바로 찢어주세요. 닭육수는 면포에 밭쳐 맑은 국물을 걸러내고, 2컵 분량만 남기면 돼요.
3 닭무침양념 재료를 한데 넣어 섞고 2의 찢은 닭을 고루 무친다.
4 초육수 재료를 한데 넣어 고루 섞어 간을 한 뒤, 냉장고에 차게 보관한다.
5 데친 전복은 채 썰고, 새우는 얇게 저며 향신유를 두른 팬에 살짝 볶아 식히고, 메밀국수는 삶아서 차게 식힌다.
6 그릇에 3의 닭고기무침과 5의 전복, 새우를 돌려 넣고 그 위에 오이채, 배채, 황란지단을 고명으로 얹어 4의 초육수를 부어 삶은 메밀국수와 함께 낸다.

김치녹두전과 도토리묵밥 밥상

도토리묵은 칼로리는 낮지만 수분 함량이 높아 포만감을 주는 음식이다. 쉽게 상하지도 않고 위와 장 건강에도 도움을 주어 여름철 건강식으로 좋다. 깔끔하고 시원한 도토리묵밥으로 여름 별미를 즐겨보자. 여기에 녹두전을 추가하면 든든한 한 끼 밥상이 된다.

1 도토리묵밥
2 김치녹두전
3 양념장

도토리묵밥

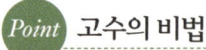 **고수의 비법**

도토리묵밥의 고명은 각각 채 썰어 단촛물에 담갔다 건지면 색이 변하지 않고 아삭해져요. 단촛물에는 과일부터 담가서 과일의 단맛이 단촛물에 희석되게 해야 해요. 그러고 나서 채소를 담그면 그 단맛이 채소에 배게 돼서 좋아요.

재료

도토리가루 1½컵, 물 5컵

도토리묵양념 물 6컵, 멸치육수 2컵, 국간장 1큰술, 향신즙 1큰술, 참기름 ½큰술, 소금 약간

밥 멥쌀 3컵, 멸치육수 3컵(쌀의 불린 상태에 따라 달라져요), 향신즙 ½큰술, 향신유 ½큰술, 국간장 ½큰술, 소금 약간

냉국육수양념 멸치육수 6컵, 초청 3큰술, 설탕 1큰술, 진간장 1큰술, 소금 약간

초청은 식초 1컵, 설탕 3큰술, 꿀 2큰술, 매실청 1큰술, 소금 1작은술을 넣어 당분이 녹을 정도로 끓인 후 식힙니다.

고명 새우편 50g, 김치채 2컵, 오이채 1½컵, 배채 1컵, 단촛물 3컵, 호박채 1개, 고기채 50g, 향신유 1큰술, 향신즙 1큰술, 통깨 2큰술, 소금·후춧가루 약간씩

양념장 향신장 2큰술, 국간장 2큰술, 다진 마늘 ½큰술, 다진 파 ½큰술, 고춧가루 ½큰술, 참기름 1작은술, 통깨 1작은술

1. 도토리가루에 분량의 물을 넣어 가루를 가라앉힌 뒤 윗부분의 맑은 물을 따라 버린다.
2. 냄비에 1의 도토리가루와 도토리묵양념을 넣고 눌어붙지 않게 밑을 잘 저어주고 끓기 시작하면 약불로 5~7분 졸이듯 끓인다.
3. 도토리묵을 굳힐 그릇(용기)을 준비해서 물을 고루 묻힌 후 2의 도토리묵이 되직하게 되면 그릇에 붓고 윗면을 평평하게 해서 8시간 정도 냉장고(or 시원한 곳)에서 굳힌다.
4. 냄비에 준비한 밥 재료를 넣어 밥을 짓는다.
5. 냉국육수양념 재료는 고루 섞어 냉장 보관한다.
6. 새우는 편으로 썰고 나머지 고명 재료는 각각 곱게 채 썰어서 배→오이→새우→김치 순서로 단촛물에 담갔다가 건지고, 호박은 소금을 살짝 뿌려 물기가 생기면 꼭 짠 뒤 고기채와 함께 향신유를 두른 팬에 향신즙과 통깨, 소금·후춧가루로 간해서 볶는다.
7. 3의 굳힌 도토리묵을 0.5cm 두께로 채 썰고, 준비한 양념장 재료를 한데 섞는다.
8. 그릇에 밥을 담고, 7의 묵을 듬뿍 얹고, 6의 고명(새우, 김치, 오이, 배, 호박, 고기)을 고루 얹어 5의 차게 식힌 냉국육수를 부어, 양념장과 곁들인다.

김치 녹두전

재료
향신유 약간

김치소
김치(줄기부분) ¼포기, 차돌박이채 70g, 향신즙 ⅓큰술, 새송이버섯채 2개 분량, 오이채 ½개 분량, 다진 풋고추 1개 분량, 생새우 200g, 꽃소금·고운소금·후춧가루 약간씩

녹두반죽
불린 녹두 2컵, 잣 1큰술, 물 넉넉히, 찹쌀가루 2~3큰술, 꽃소금 약간
(녹두 손질 20쪽 녹두밥 참고)

1. 김치는 씻어 잎을 제거하고, 줄기만 섬유 반대방향으로 곱게 채 썬다.
   김치줄기만 사용하면 식감이 더 좋아요.

2. 차돌박이채는 향신즙에 무치고, 오이채와 새송이버섯채는 2cm로 잘라 각각 꽃소금에 살짝 절여 물기를 짠다.

3. 생새우는 소금물에 씻어 다진 후, 소금과 후춧가루로 간한다.

4. 향신유를 두른 팬에 차돌박이채를 넣어 볶다가 김치와 새송이버섯을 넣어 볶고, 오이는 따로 선명하게 볶은 후, 다 함께 버무려 김치소를 만든다.

5. 믹서에 불린 녹두와 잣을 넣고, 자작하게 잠길 정도로 물을 부어 곱게 간 후 볼에 옮겨 찹쌀가루와 꽃소금을 넣어 녹두반죽을 만든다.

6. 예열된 팬에 향신유를 두르고 5의 녹두반죽 한 숟가락을 동그랗게 올린 뒤 4의 김치소를 조금 얹은 후 다시 녹두반죽을 약간 얹어 노릇하게 부친다.
   은은한 약불에 전을 부쳐야 곰보가 생기지 않고, 표면이 매끄럽고 예쁘게 돼요.

여름

별미

더운 여름, 건강하게 먹을 수 있는 종자냉국수 한 그릇이면 어떤 요리도 부럽지 않다. 여기에 수박김치를 더하면 여름에 필요한 수분을 충분히 섭취할 수 있어 더욱 좋다. 종자냉국수를 만들고 남은 국수가 있다면 수박김치에 훌훌 말아 2가지 맛의 국수를 즐겨보자.

종자냉국수 밥상

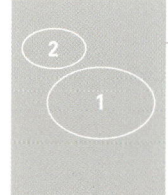

1 종자냉국수
2 수박김치(253쪽 참고)

종자냉국수

재료
국수 1봉(200~300g)

종자국물
불린 백콩 1컵, 해바라기씨 ½큰술, 캐슈너트 ½큰술, 잣 ⅓큰술, 완두콩 ½큰술, 아몬드 ⅓큰술, 물 4컵, 소금 ½큰술

국수 삶는 물
물 7컵, 소금 ½큰술

고명
오이채 1개 분량, 배채 ½개 분량, 양상추채 2컵, 데친 새우 50g, 백김치채 2컵, 단촛물 2~3컵

1. 종자국물 재료에서 불린 백콩, 해바라기씨, 캐슈너트, 잣, 완두콩, 아몬드를 끓는 소금물에 살짝 삶아 비린내를 없앤다.
   백콩은 물을 충분히 넣고(콩의 2배 분량) 6시간 이상 불려요.

2. 종자국물 재료 중 물과 소금을 냄비에 넣고 끓인 뒤 식혀 1의 삶은 종자와 함께 믹서에 넣어 곱게 간다.

3. 2의 곱게 간 종자를 굵은체에 거른 후 고운체로 다시 걸러 건더기 없는 종자국물을 만들어 차게 식힌다.

4. 고명 재료인 오이와 배, 양상추, 백김치는 곱게 채 썰고, 데친 새우는 얇게 저며 각각 단촛물에 살짝 담갔다가 건져 차게 식힌다.

5. 국수 삶는 물 재료를 냄비에 끓여 국수를 삶는다.
   국수가 끓어오르면 찬물을 붓고 다시 끓이세요. 이 과정을 2번 반복하세요. 삶은 국수는 퍼지지 않도록 재빨리 건져 얼음물에 식혀요.

6. 그릇에 5의 국수를 1인분씩 돌려 말아서 담고, 4의 고명을 올리고 3의 종자 국물을 넣는다.

여름

별미

여름이라고 꼭 시원한 것만 먹는다면 장에 부담을 줄 수 있다. 이럴 때는 뜨거운 갈비탕에 잘 익은 섞박지 하나면 그만이다. 보양과 동시에 맛까지 놓치지 않는 밥상이다.

갈비탕 밥상

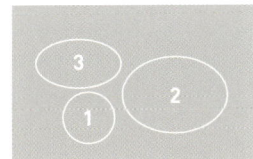

1 백미밥(19쪽 참고)
2 갈비탕
3 섞박지(240쪽 참고)

갈비탕

재료
갈비 600g

갈비양념
향신즙 2큰술, 국간장 ½큰술,
참기름 ½작은술, 황기 ⅓뿌리,
수삼 ⅓뿌리, 물 2컵

갈비탕육수
물 10컵, 양지머리 300g,
향신즙 1큰술, 국간장 2⅓큰술,
굵은소금 ⅓큰술

고명
숙주 100g, 대파 5뿌리, 밤 10개,
새송이버섯 1개, 대추 5개,
국간장 1½작은술

1 갈비는 찬물에 담가 핏물을 빼고, 끓는 물에 데쳐 찬물에 한 번 씻는다.

2 1의 데친 갈비에 칼집을 내어 냄비에 담고 갈비양념 재료를 함께 넣어 갈비에 간이 깊게 배도록 무르게 푹 삶는다.

3 다른 냄비에 물 10컵을 넣고 팔팔 끓으면, 양지머리를 넣고 끓여 갈비탕육수를 따로 더 만든다. 1시간 이상 충분히 끓여 양지머리가 알맞게 익으면 건져 얄팍하게 썬다.
갈비탕육수를 따로 만드는 것은 갈비로만 육수를 내면 갈비를 끓이는 물의 양이 많아져 갈비가 뻣뻣해 맛이 없어지기 때문이에요.

4 체에 면포를 깔고 3의 갈비탕육수를 걸러 맑은 국물을 받아 냄비에 넣어 향신즙과 국간장, 굵은소금으로 간을 해 끓인다.

5 숙주는 머리와 꼬리를 떼어 끓는 물에 살짝 데치고, 밤은 껍질을 벗겨 삶는다.

6 파를 데쳐 4~5cm 길이로 썰어 국간장을 넣고 살짝 볶는다. 밤과 새송이버섯은 편 썰고, 대추는 씨를 발라낸다.

7 4의 맑게 거른 국물에 2의 갈비를 넣고 3의 양지머리와 나머지 고명을 넣고 살짝 끓여 그릇에 담는다.

여름

별미

탕이 아닌 밥만으로도 보양이 가능할까? 닭으로 만든 계반이라면 충분하다. 닭육수를 깨끗하게 걸러 밥을 지어 그 위에 삶은 닭과 여러 가지 종자를 넣어 만든 영양 만점인 밥이다. 여기에 신선함을 더할 과일샐러드와 알로에셰이크면 여름철 영양과 함께 몸을 보할 수 있다.

계반 밥상

1 계반 4 과일샐러드
2 깍두기(238쪽 참고) 5 알로에셰이크
3 양념장

계반

재료

토종닭(중) 1마리, 물 5컵, 향신즙 2큰술, 소금 1작은술

닭육수 물 8컵, 황기 1뿌리, 향신즙 3큰술

닭고기양념 향신즙 1큰술, 향신장 1큰술, 참기름 1작은술, 향신유 약간

밥 멥쌀 2½컵, 찹쌀 ⅔컵, 향신즙 1큰술, 향신유 1큰술, 닭육수 3컵, 소금 1작은술

고명 밤 3개, 대추편·은행·수삼편 4큰술씩, 호두편 2큰술, 잣 3큰술, 닭육수 3큰술, 향신장 ½큰술, 향신유 약간

양념장(겨자초장) 배즙 1큰술, 향신장 3큰술, 겨자초장 1큰술, 닭육수 1큰술, 꿀 ½큰술

양념장(고춧가루) 향신장 3큰술, 통깨 ½큰술, 고춧가루 ½큰술, 다진 홍고추 ½큰술, 다진 파 1큰술, 참기름 ½작은술

1. 토종닭은 기름을 제거하고 깨끗이 씻어 토막을 낸다.
2. 냄비에 물과 향신즙, 소금을 넣고 팔팔 끓여 소독과 불순물 제거를 위해 손질한 1의 닭을 넣고 데친다.
3. 다른 냄비에 닭육수 재료를 넣고 팔팔 끓으면 2의 데친 닭을 넣어 익힌다. 닭이 적당히 익으면 꺼내 살만 발라내고 나머지는 육수에 다시 넣어 15~20분 정도 푹 삶는다.
4. 3의 닭고기를 결대로 잘게 찢어 향신유를 두른 팬에 닭고기양념 재료로 볶고, 푹 고아낸 닭육수는 면포에 밭쳐 기름을 제거한다.
5. 멥쌀과 찹쌀은 깨끗이 씻어 20분 정도 살짝 불린 뒤 향신즙, 향신유, 4의 닭육수, 소금을 함께 넣어 밥을 짓는다.
6. 밤은 껍질을 벗기고, 대추는 돌려 깎아 씨를 제거한다. 은행은 마른 팬에 볶아 껍질을 벗기고, 수삼도 껍질을 벗긴다. 밤과 대추, 수삼, 호두를 얄팍하게 편으로 썬 뒤 은행, 잣과 함께 향신유를 두른 팬에 닭육수와 향신장을 넣어 살짝 볶는다.
7. 5의 밥이 완성되어 뜸을 들일 때 4의 잘게 찢은 닭고기와 6의 볶은 고명을 밥 위에 얹어 뜸이 들면 섞어 그릇에 담는다.
8. 양념장 재료는 각각의 볼에 담아 고루 섞은 뒤 7의 완성된 계반과 곁들인다. 기호에 따라 양념장을 넣어 비벼 먹는다.

과일샐러드

재료
포도(거봉) 10알, 사과 1개, 배 ⅓개, 감 1개, 키위 1개, 삶은 옥수수 ½컵, 단촛물 4컵

견과류소스
땅콩 3큰술, 잣 3큰술, 호두 1큰술, 꿀 1½큰술, 고운소금 1작은술, 꽃소금 1작은술, 향신유 2큰술, 겨자초장 ½큰술, 식초 1½큰술

1. 포도는 알알이 떼 내어 씻고, 사과와 배, 감, 키위는 껍질을 벗겨 포도와 같은 크기로 썰어 단촛물에 살짝 헹궈낸 뒤 물기를 제거한다.
2. 옥수수는 물에 넣어 팔팔 끓여 삶아낸 후 단촛물에 담갔다가 물기를 제거한다.
3. 믹서에 견과류소스 재료를 넣고 곱게 간다.
4. 손질한 과일과 옥수수는 견과류소스에 버무리거나 소스를 따로 담아낸다.

알로에셰이크

재료
알로에(껍질 벗긴 것) 100g, 사과 ½개, 플레인 요구르트 4큰술, 메이플시럽 1작은술

1. 껍질 벗긴 알로에와 사과를 큼직하게 썬다.
2. 믹서에 알로에와 사과, 요구르트, 메이플시럽을 넣고 곱게 갈아 컵에 담는다.

3장

풍요로운 가을 밥상

가을은 수확의 계절답게 먹을거리가 풍성한 계절입니다. 그렇기에 그 어느 때보다 바쁜 계절이기도 하지요. 칼로리가 과해지지 않도록 영양과 입맛을 다 잡는 가을 밥상도 차려야 하고, 가장 맛있는 절기음식이 가득한 민족 최대의 명절인 추석도 맞이해야 하니까요.

가을이 깊어지면 겨울을 준비해야 하기에 할 일이 더욱 많아집니다. 3~4개월 뒤, 장을 담그기 위한 메주를 쑤어 발효를 시켜 말려야 합니다. 잘 익은 감을 따서 깨끗이 손질해 감말랭이도 만들어두면 좋지요. 늦은 가을에는 겨우내 먹을 김장도 해야 합니다. 100일 동안 속을 키운 배추, 맛이 꽉 찬 가을 무, 빨갛게 잘 익은 고추를 햇볕에 잘 말려 곱게 빻은 고춧가루, 간수를 빼둔 천일염, 잘 손질한 봄에 담은 젓갈 등으로 김장을 하고 나면 고되고 힘들지만 그렇게 든든할 수가 없지요.

맛을 듬뿍 담은 갖가지 재료가 넘쳐나는 가을. 가을의 향취를 듬뿍 담은 제철 재료로 밥상도 건강도 풍성하게 챙겨볼까요?

육전과 우거지찌개 밥상

우거지를 무르게 푹 익혀 구수하게 찌개를 끓여내면 가을의 정취가 느껴진다. 여기에 감칠맛 나는 새우젓호박볶음과 얇게 저민 고기를 살짝 부쳐낸 육전까지 더하면 영양 만점인 가을 밥상이 된다.

1 백미밥(19쪽 참고) 4 호박새우젓무침
2 우거지찌개 5 깍두기(238쪽 참고)
3 육전

우거지찌개

재료

삶은 우거지 400g, 차돌박이 100g, 소고기육수 2¼컵, 풋고추 1개, 홍고추 ½개, 생새우 30g, 팽이버섯 ½봉지, 대파 1뿌리

우거지양념 된장 3큰술, 다진 마늘 1큰술, 들기름 1작은술, 들깨가루 1작은술, 향신즙 1큰술

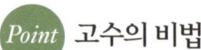 **고수의 비법**

육수를 일부만 넣어 자작하게 오래 끓여야 우거지에 간이 충분히 배어 걸쭉한 우거지찌개를 만들 수가 있어요.

1 우거지는 삶아 찬물에 헹궈 물기를 꼭 짜고 10cm 길이로 자른다. 길이가 짧은 것은 자르지 않고 그대로 쓴다.

2 차돌박이는 3cm 길이로 썬다.

3 볼에 1의 우거지와 2의 차돌박이를 담고 우거지양념 재료를 넣어 조물조물 무친다.
우거지에 간이 충분히 배야 우거지 특유의 냄새도 없어지고 맛도 쉽게 변하지 않아요.

4 풋고추, 홍고추, 대파는 어슷하게 썰고, 고추의 씨는 털어낸다. 새우는 흐르는 물에 씻어 물기를 제거한다. 팽이버섯은 밑동을 제거하고 길이로 반을 썬다.

5 냄비에 3의 양념한 우거지와 차돌을 담고 육수 ¼컵을 부어 간이 깊게 배도록 충분히 볶는다.

6 5의 우거지에 간이 배면서 부드러워지면 남은 육수(1½컵~2컵)를 더 넣고 끓이다가 마지막에 풋고추와 홍고추, 대파, 생새우, 팽이버섯을 얹어 살짝 더 끓인다.
불의 세기에 따라 자작한 정도의 수분을 유지하는 게 좋아요. 단, 물이 너무 많지 않게 주의하세요.

육전

재료
홍두깨살(육전용) 100g, 밀가루 ⅔컵, 달걀 2개, 향신유 5큰술

재움양념 향신즙 2큰술, 포도주 ½큰술, 소금·후춧가루 약간씩

간장양념장
소고기육수 2큰술, 간장 2큰술, 설탕 2작은술, 식초 1작은술, 통깨 1작은술

1 얇게 썬 홍두깨살을 칼등으로 가장자리를 두드려 재움양념 재료에 30분 이상 재워 키친타월로 물기를 제거한다.
  고기를 잘 두드려야 오그라들지 않아요.
2 볼에 달걀을 깨뜨려 잘 풀어 체에 내린다.
3 1의 홍두깨살에 밀가루를 고루 묻혀 털어내고 2의 달걀물을 입힌다.
4 예열된 팬에 향신유를 살짝 두르고 3을 올려 앞뒤로 살짝 지진다.
5 간장양념장 재료를 섞어 4와 곁들인다.

호박새우젓볶음

재료
호박 200g, 새우젓 1½큰술, 향신즙 1큰술, 홍고추채 1작은술, 참기름 ½작은술, 통깨 1작은술

볶음양념 향신유 1큰술, 들기름 ½큰술, 멸치육수 1큰술

1 호박은 두께 7mm로 반달썰기 하고, 새우젓은 곱게 다진다.
2 호박을 다진 새우젓과 향신즙에 30분 정도 재운다.
3 2의 호박이 적당히 절여져 물이 생기면 그 물과 함께 팬에 넣어 볶음양념 재료로 호박의 색이 선명해지게 볶는다.
4 3의 호박 색이 선명해지면 홍고추채와 참기름, 통깨를 넣어 양념이 고루 배게 살짝 볶은 후 넓은 접시에 펼쳐 담아 재빨리 식힌다.
  호박의 선명한 색을 유지하기 위해서 재빨리 펼쳐서 식혀야 해요.
5 4의 호박볶음이 고루 식으면 그릇에 담거나 밀폐용기에 담아 냉장 보관한다.

감자찌개와 떡갈비 밥상

찌개 속 감자가 마치 찐 컷처럼 포삭한 식감이 나면서 감칠맛 나는 국물과 조화를 잘 이룬다. 감자찌개에 뼈대 있는 모양의 떡갈비를 더해 시선을 모은다. 갓장아찌를 추가해 어른의 입맛을 사로잡고, 오독오독 씹히는 독특한 식감의 오이볶음으로 아이의 입맛까지 사로잡는다.

1 잡곡밥(21쪽 참고) **4** 오이똑똑이
2 감자찌개 **5** 총각김치(237쪽 참고)
3 떡갈비 **6** 갓장아찌

떡갈비

재료
소갈비살 600g, 돼지갈비살 300g, 가래떡 1쪽, 향신장 1큰술, 향신유 1½큰술,

1차양념
향신즙 ½큰술, 향신유 1½큰술, 포도주 ½큰술, 꿀 ½큰술, 참기름 1큰술

2차양념
향신즙 2큰술, 향신장 3큰술, 매실즙 1큰술, 꿀 ½큰술, 포도주 2큰술, 파인주스 1큰술, 후춧가루 ⅓작은술, 소금 약간

1 소갈비살과 돼지갈비살은 넓적하게 저미고 적당히 썰어 뼈만 제거하고, 준비한 1차양념 재료에 재워 8시간 정도 냉장 보관한다.
2 1의 재운 갈비의 핏물과 국물을 제거한 뒤 곱게 다진다.
3 가래떡은 손가락 굵기로 잘라서 향신장에 살짝 조린다.
4 2의 다진 갈비를 1인분(90g)씩 분할하여 둥글넓적하게 모양을 잡은 뒤 가운데 부분에 3의 떡을 갈비대 모양으로 넣는다.
5 4의 갈비를 향신유를 두른 팬에 올려 초벌구이한다.
6 2차양념 재료를 팬에 넣고 살짝 끓이다가 4의 초벌구이한 떡갈비를 넣어 코팅하듯 조린다.

감자찌개

재료
감자 800g, 굵은소금 ⅔큰술(감자 삶는 용), 호박 ⅓개, 차돌박이 100g, 소고기육수 2컵, 팽이버섯 ½봉, 대파 1뿌리, 홍고추 ½개

양념 고춧가루 1큰술, 국간장 1큰술, 소고기육수 2큰술, 다진 마늘 ½큰술, 고운소금·굵은소금 약간씩

Point 고수의 비법

찌개를 끓이기 전에 감자를 먼저 삶으면 감자의 전분으로 찌개가 되직해지는 것을 막을 수 있어요. 또 감자를 익히느라 다른 채소가 물러지는 것도 막을 수 있어 좋아요.

1. 감자는 껍질을 벗기고 큼직하게 썰어 모서리를 돌려 깎기한 후 깨끗이 씻어 냄비에 담는다. 냄비에 자작하게 물을 붓고, 굵은소금을 넣어 젓가락이 ⅔ 정도 쑥 들어가게 삶아 간을 들인다.
2. 호박은 크게 썰고, 차돌박이는 채 썬다.
3. 2의 차돌박이에 양념 재료를 넣어 볶다가 고기 색이 변하고 기름이 나오면 호박도 넣어 볶는다.
4. 3의 볶은 차돌박이와 호박에 소고기육수를 붓고 팔팔 끓인 뒤 1의 감자를 넣는다.
5. 팽이버섯은 밑동을 잘라내고, 대파와 홍고추는 어슷하게 썬다.
6. 4의 찌개가 끓고 감자가 잘 물러지면 5의 팽이버섯과 대파, 홍고추를 넣고 살짝 더 끓인다.

오이똑똑이

재료
청오이 5개, 소금 ½큰술, 참기름 ⅓작은술, 통깨 1작은술

오이양념 향신유 1큰술, 향신즙 ½큰술, 향신장 약간, 소금·백후춧가루 약간씩

고기양념 소고기채 3큰술, 향신장 1작은술, 향신즙 1작은술, 향신유 1작은술

1. 오이는 동그랗게 슬라이스해서 소금에 1시간 정도 절인 뒤 면포에 싸서 물기를 꼭 짠다.
2. 예열된 팬에 향신유를 두르고 1의 오이와 오이양념 재료를 넣고 오이 색이 선명해지게 볶아 식힌다.
3. 소고기는 오이 길이로 채 썰어 향신유를 두른 팬에 고기양념 재료와 함께 살짝 볶는다.
4. 3의 팬에 2의 식힌 오이와 참기름을 넣고 살짝 볶은 후, 재빨리 넓게 펼쳐 식힌다.
5. 4의 오이똑똑이를 그릇에 담아 통깨를 뿌린다.

홍합초와 보양추어탕 밥상

가을의 대표 보양식을 꼽으라면 단연 추어탕이다. 가을에 살이 통통하게 오른 미꾸라지로 탕을 끓여 더위로 지쳤던 몸에 활력을 더해준다. 살이 오른 홍합으로 만든 홍합초까지 곁들이면 금세 기운이 솟아오른다.

1 현미수수밥(22쪽 참고)
2 보양추어탕
3 홍합초
4 김실파무침
5 갓김치(241쪽 참고)

보양추어탕

재료
미꾸라지 1.2kg, 밀가루 1큰술,
굵은소금 ⅓컵

향신쌀물
쌀뜨물(or 물) 7컵, 향신즙 2큰술

육수
건어물육수 15컵, 방아잎 30g, 콩나물
100g, 향신즙 2큰술, 참기름 ½큰술

육수양념
된장 4큰술, 들깨가루 4큰술, 국간장
2큰술, 소금 약간

건더기
삶은 우거지 250g, 삶은 토란대 70g,
잔새우 50g, 홍합살 50g

건더기양념
된장 1½큰술, 향신즙 1큰술, 향신유
½큰술, 들기름 ½큰술

곁들임
청양고추채 5큰술, 파채 3큰술,
산초가루 1큰술

1 볼에 준비한 미꾸라지를 담고 밀가루와 굵은소금을 뿌린 후 뚜껑을 닫고 5분 정도 둔 다음, 미꾸라지가 살짝 숨이 죽으면 문질러 씻는다.

2 1의 손질한 미꾸라지를 흐르는 물에 깨끗이 씻은 뒤 팔팔 끓는 향신쌀물에 살짝 데치고 체에 밭쳐 물기를 뺀다.

3 냄비에 육수 재료를 넣어 끓여 건더기는 체로 건져낸 후 육수양념 재료로 간하고 2의 미꾸라지를 넣고 살이 풀어지게 푹 끓여 식힌다.

4 3의 삶은 미꾸라지를 믹서에 갈아 굵은체로 거르고 체에 걸러지는 굵은 뼈는 버린다.

5 삶은 우거지와 토란대는 먹기 좋은 크기로 썰어, 잔새우, 홍합살과 함께 건더기양념 재료에 무친다.

6 냄비에 4의 걸러낸 미꾸라지와 5의 건더기를 한데 넣어 재료들이 엉겨 붙게 푹 끓인다.

7 청양고추는 반으로 갈라 씨를 털어낸 뒤 곱게 채 썰고, 대파도 비슷한 길이로 채 썰어 산초가루와 함께 추어탕에 곁들여낸다.

홍합초

재료
홍합 1kg, 향신물 넉넉히

밑양념
향신즙 ½큰술, 포도주 1작은술, 참기름 ½작은술, 향신장 ½작은술, 녹말가루 1작은술

볶음양념
향신장 1큰술, 고추기름 ½작은술, 향신즙 ½작은술, 물엿 ½큰술, 통깨 ½작은술, 참기름 1방울

1 향신물을 팔팔 끓여 홍합을 살짝 데친 뒤 수염을 깨끗이 제거하고 껍데기에서 홍합살을 분리한다.
   끓는 향신물에 홍합을 넣자마자 꺼내세요.
2 1의 손질한 홍합에 준비한 밑양념 재료를 넣어 15분간 재운 뒤 팬에 살짝 볶는다.
3 다른 팬에 볶음양념 재료를 넣고 살짝 끓여서 2의 홍합을 넣어 살짝 볶는다.
   홍합을 너무 오랫동안 가열하면 살이 딱딱해지므로 잠깐 익히는 느낌으로 최대한 살짝만 볶으세요.

김실파무침

재료
김 10장, 향신유 1큰술, 실파 100g, 홍고추채 1큰술, 통깨 ½큰술

실파절임양념
국간장 1큰술, 향신즙 ½큰술

무침양념
향신장 1큰술, 향신즙 1작은술, 멸치육수 1큰술, 물엿 ½큰술, 참기름 1작은술

1 김에 향신유를 발라 앞뒤로 살짝 구워 식힌 후 비닐백에 넣어 잘게 부순다.
2 실파는 뿌리를 잘라내고 다듬어 흐르는 물에 깨끗이 씻은 뒤 4cm 길이로 썰어 절임양념 재료에 15분간 절여 물기를 뺀다.
3 무침양념 재료를 한데 넣어 고루 섞어 2의 실파를 무치다가 실파에서 수분이 나오면 1의 잘게 부순 김을 넣고 무친다.
4 3에 홍고추채, 통깨를 넣고 살짝 버무려 마무리한다.

소고기파국과 두부조림 밥상

가을에 맛이 드는 고구마와 감자를 넣어 밥을 짓고, 두부조림과 돌미나리무침, 가지김치를 올린다. 단백질과 비타민이 잘 어우러진 조화로운 밥상이다. 가을에 더 깊은 맛을 내는 파를 넣어 끓인 소고기파국이 몸을 따뜻하게 해준다.

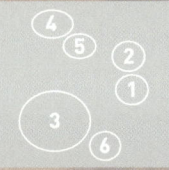

1 고구마감자밥(23쪽 참고)
2 소고기파국
3 두부조림
4 돌미나리무침
5 가지소박이(243쪽 참고)
6 연근장아찌

두부조림

재료
두부 1모, 향신즙 1큰술, 소금·후춧가루 약간씩, 밀가루 2큰술, 풋마늘채 1큰술, 홍고추채 1큰술, 통깨·향신유 약간씩

고기소
다진 소고기 50g, 다진 채소(양파, 당근, 파) 1큰술, 향신장 1작은술, 향신유 1작은술

조림양념
소고기육수 3큰술, 향신장 1큰술, 고추기름 1작은술, 황설탕 1작은술

1. 두부는 먹기 좋은 크기로 썰어 향신즙과 소금, 후춧가루에 재워 물기가 생기면 체에 밭친다.
2. 1의 물기를 제거한 두부를 예열된 팬에 향신유를 둘러 노릇하게 굽고, 고기소를 넣을 칼집을 넣어 그 사이에 밀가루를 묻힌다.
3. 고기소 재료를 한데 넣어 고루 치대고 소량씩 떼 내어 2의 칼집 넣은 두부 사이에 넣는다.
4. 3의 고기를 넣은 두부에 밀가루를 살짝 묻힌다.
5. 팬에 조림양념 재료를 넣어 살짝 끓어오르면 4의 두부를 넣고 약불에 조리고, 홍고추채와 풋마늘채, 통깨를 넣어 마무리한다.

소고기파국

재료

대파 150g(3뿌리), 새송이버섯 30g, 향신물 3컵 분량, 국간장 1작은술, 소금 약간

육수 소고기(양지머리) 200g, 무 30g, 물 6컵, 향신즙 1큰술, 국간장 ⅓작은술, 고운소금 ⅛작은술

1. 대파는 뿌리를 자르고 다듬은 후 길이 5~6cm, 폭 1cm로 썰고, 새송이버섯은 대파 크기로 썬다.
2. 1의 대파를 끓는 향신물에 데치고 재빨리 찬물에 헹궈 물기를 없앤 후 국간장과 소금에 무친다.
   대파는 따로 데쳐야 매운 맛이 빠지고 색이 선명해져요.
3. 육수용 고기는 흐르는 물에 씻어 육수 재료로 팔팔 끓여 푹 삶는다. 고기가 푹 삶아지면 건져내 파 크기로 찢고, 향신즙으로 무친다. 고기를 건져낸 국물은 면포로 걸러내 국간장과 고운소금으로 간을 한다.
4. 3의 맑게 거른 육수를 팔팔 끓인 뒤에 무친 고기와 파, 새송이버섯을 넣고 한소끔 더 끓인다.

돌미나리무침

재료

돌미나리 500g

밑양념 향신즙 1½큰술, 국간장 1½큰술, 까나리액젓 ½작은술, 소금 약간

무침양념 참기름 ½큰술, 향신장 1작은술, 향신즙 1작은술, 홍고추채 1작은술, 소금 약간

1. 돌미나리는 끝잎만 제거하고 팔팔 끓는 물에 데친다. 미나리의 숨이 살짝 죽고 색이 선명해지면 바로 건져 찬물에 담가 식힌 후 물기를 짠다.
2. 1의 돌미나리를 숭숭 썰어 밑양념 재료에 무쳐 잠시 재웠다가 물이 생기면 적당히 짠다.
3. 볼에 무침양념 재료를 넣고, 2의 물기 짠 돌미나리를 넣어 무친다.
   생김을 불에 살짝 구워 잘게 부순 뒤 마지막에 함께 무쳐도 좋아요(조미김을 이용할 때는 김 표면에 묻은 소금을 잘 털어내고 잘게 부수어 무치면 감칠맛이 좋아요).

Point 고수의 비법

보통 돌미나리를 데친 후 한 번만 짜서 무치면 물이 쉽게 생겨요. 간해서 재운 뒤에도 물기를 한 번 더 짜서 무쳐야 물도 안 생기고 간도 잘 맞고 식감도 좋아져요.

시금치된장국과 돼지고기김치찜 밥상

텁텁하지 않고 구수한 시금치된장국에 배추김치 사이사이에 돼지고기를 넣어 푹 끓여낸 김치찜으로 상차림을 해보자. 여기에 죽순밥을 더하면 겨울 추위를 미리 대비하는 보약 같은 밥상이 된다.

1	죽순밥	4	홍새우볶음
2	시금치된장국	5	마늘쫑조림
3	돼지고기김치찜	6	무말랭이겉절이(231쪽 참고)

죽순밥

재료

죽순 200g, 쌀뜨물 3~4컵, 전복 1마리, 새우 3마리, 은행 3큰술, 밤 3개, 대추 3개, 수삼 3큰술, 잣 2큰술, 향신즙 ½큰술, 향신유 ½큰술, 소금·후춧가루 약간씩

죽순밑양념 멸치육수 1컵, 향신즙 1큰술, 국간장 1큰술, 참기름 1큰술, 소금 약간

찰밥 불린 찹쌀 3컵, 메이플시럽 ½큰술, 물 ¼컵, 참기름 1작은술, 소금 약간

1 죽순은 둥글게 잘라서 팔팔 끓는 쌀뜨물에 삶아 2~3cm로 얇게 어슷 썬다.
   젓가락으로 찔렀을 때 쉽게 들어가는 정도로 삶아야 해요. 죽순 삶은 물은 식힌 뒤 남은 죽순을 넣어 냉동 보관할 때 사용하세요.

2 예열된 팬에 1의 죽순을 넣고, 죽순밑양념 재료와 함께 볶는다.

3 찹쌀은 깨끗이 씻어 체에 밭쳐 물기를 뺀 뒤 면포를 깐 찜기에 담고, 나머지 밥 재료를 함께 넣어 꼬들하게 찰밥을 찐다.

4 전복과 새우는 살만 발라 얇게 썰고, 은행, 밤은 껍질을 벗겨 밤은 2~3등분한다. 대추는 돌려 깎아 씨를 빼고, 수삼은 깨끗이 씻어 먹기 좋은 크기로 썬다.

5 예열된 팬에 향신유를 둘러 4의 재료와 잣을 넣고, 향신즙과 소금, 후춧가루를 넣어 살짝 볶아 2와 함께 3의 꼬들찰밥에 버무린다. 버무린 찰밥은 다시 5~10분간 찜통에 찐다.
   버무린 찰밥을 죽순통에 담아 1인분씩 나누어 쪄도 좋아요.

돼지고기김치찜

재료
김치 ¼포기 두 쪽, 삼겹살 300g

김치양념 향신즙 1큰술, 향신유 1큰술, 된장 ½큰술, 포도주 2큰술, 멸치육수 1컵

돼지고기양념 향신즙 1큰술, 향신유 1작은술, 매실주 1작은술, 고추기름 1작은술

육수 멸치육수 3컵, 향신즙 1큰술, 고운소금 약간

1. 김치는 씻어 염분을 우려내고(산 김치일 경우) 김치양념 재료 중 향신즙과 향신유, 된장, 포도주에 조물조물 무친 뒤 멸치육수를 넣고 푹 끓여 익힌다.
2. 삼겹살은 먹기 좋은 크기로 썬다.
3. 볼에 돼지고기양념 재료를 넣고 고루 섞은 후, 2의 고기와 함께 살짝 볶는다.
4. 1의 김치 사이사이에 3의 고기를 넣어 김치의 겉잎으로 쌈을 싸듯 먹기 좋게 만들어 냄비에 담는다.
5. 4에 육수 재료를 넣고 돼지고기가 익을 정도로 충분히 끓인다.
6. 5를 국간장이나 액젓으로 간을 맞춘다.

시금치된장국

재료
시금치 1단, 꽃소금 약간, 대파채 1큰술, 홍고추채 1작은술

무침양념 볶은 밀가루 1큰술, 참기름 ½작은술, 국간장 1작은술

육수 멸치육수 4~5컵, 된장 1½큰술

1. 시금치는 칼로 뿌리 부분을 잘라내고 흙이 남지 않도록 깨끗이 씻는다.
2. 끓는 물에 꽃소금을 조금 넣어 1의 시금치를 데치고 재빨리 찬물에 헹궈 물기를 꼭 짠다.
   시금치를 덜 데치면 색소가 나와 국물 색깔이 거무스름하게 되니 완전히 데쳐야 해요.
3. 2의 시금치를 3~5cm 길이로 썰어 무침양념 재료에 조물조물 무친다.
4. 냄비에 육수 재료인 멸치육수를 붓고 된장을 체에 풀어 끓인 뒤 양념한 3의 시금치를 넣고 끓인다. 끓이면서 생기는 거품은 걷어낸다.
5. 4에 대파채와 홍고추채를 올려 살짝 더 끓인다.

홍새우볶음

재료
홍새우(보리새우) 200g, 향신즙 1큰술, 녹말가루 ½큰술, 밀가루 ½큰술, 향신유 3큰술, 통깨 ½작은술

볶음양념 고추장 ½큰술, 향신장 1큰술, 굴소스 1작은술, 멸치육수 3큰술, 참기름 1작은술, 물엿 1작은술, 통깨 약간

1. 홍새우는 머리와 꼬리를 제거하고, 체에 밭쳐 흐르는 물에 재빨리 씻은 뒤 거즈로 물기를 툭툭 닦아내고 향신즙에 재운다.
   홍새우 꼬리의 껍질이 단단해서 그대로 볶아 먹으면 입 안이 다칠 수 있으니 잘 다듬어야 해요. 제거한 머리와 꼬리는 육수 낼 때 쓰세요.
2. 1의 홍새우를 녹말가루와 밀가루에 묻힌다.
3. 예열된 팬에 향신유를 넉넉히 둘러 2의 홍새우를 바삭하게 볶아서 건진다.
4. 다른 팬에 볶음양념 재료를 넣고 3의 홍새우를 살짝 조리듯 볶아 통깨를 뿌린다.

마늘쫑조림

재료
마늘쫑 1단, 향신장 5큰술, 향신즙 1큰술, 향신유 1큰술, 채소육수 ½컵

고기양념
고기채 20g, 홍고추채 1큰술, 물엿 1큰술

1. 마늘쫑은 깨끗이 씻어 물기를 제거하고 4~5cm 길이로 썰고, 끓는 물에 살짝 데쳐 건져낸다.
2. 예열된 팬에 향신유를 둘러 1의 손질한 마늘쫑을 볶다가 향신장과 향신즙을 넣어 간이 깊게 배도록 푹 조린다.
3. 2의 마늘쫑에 채소육수를 넣어가며 속까지 익게 조린다.
4. 3의 마늘쫑이 거의 다 조려졌을 때, 홍고추채와 고기채를 위에 뿌려 살짝 볶아낸 후 마지막에 물엿을 넣어 잘 버무린다.
   마지막에 고기채를 넣어야 질기지 않고, 조리가 끝난 후에 물엿을 넣으면 윤기가 나서 보기에 좋아요.

Point 고수의 비법

조림 및 볶음요리 중 기름 추가하는 방법

요리를 하다가 갑자기 차가운 기름을 넣으면 조리 중인 음식에 기름이 다 배어 음식 맛이 느끼해질 수 있어요. 이럴 때에는 팬 한 쪽에 사용할 기름을 넣어 데운 뒤에 식재료와 볶아야 해요. 특히 전 부칠 때 주의하세요.

삼색나물과 갈비찜조림 밥상

인삼보다 좋다는 가을무로 끓인 탕국, 가을에 거둔 햇곡식으로 지은 오곡밥, 추석 명절에 빠지지 않는 삼색나물(도라지, 시금치, 고사리)로 차려낸 가을 그대로를 담은 밥상이다.

1 백미밥(19쪽 참고) 5 장김치
2 소고기무탕국 6 송편
3 갈비찜조림
4 삼색나물(고사리, 도라지, 시금치나물)

갈비찜조림

재료
갈비 1.2kg, 무 1토막, 마늘 5쪽,
황기 1뿌리, 포도주 2큰술

양념장
향신즙 3큰술, 포도주 2큰술,
향신장 1큰술, 향신유 1큰술,
참기름 1큰술

곁들임
무 150g, 당근 ⅔개, 밤 7개,
은행 10개, 대추 7개, 호두 7개,
소고기육수 1컵, 향신장 ½큰술,
참기름 ½작은술, 꽃소금 약간,
향신유 약간

조림장
소고기육수(갈비 삶은 육수)
5큰술, 향신장 3큰술, 꿀 1큰술,
고운소금·후춧가루 약간

1 갈비는 기름기를 제거하고 찬물에 담가 핏물을 뺀다.
2 냄비에 무와 마늘, 황기를 넣고 물을 넉넉히 넣어 팔팔 끓인 뒤 1의 갈비를 넣고 익을 때까지 삶는다. 다 삶아지면 갈비를 건지고 삶은 국물은 면포에 밭쳐 맑게 남겨 육수로 쓴다.
3 볼에 양념장 재료를 넣어 고루 섞은 뒤 2의 삶은 갈비를 넣어 버무린다.
4 3의 양념한 갈비를 다른 냄비에 담아 2에서 남긴 육수를 조금씩 넣어가며 약불에 조린다. 육수가 완전히 졸아들어 기름만 남을 때까지 조린다.
5 무와 당근은 밤톨만 하게 돌려 깎아 냄비에 넣고, 밤도 껍질을 벗겨 냄비에 담아 육수와 향신장, 참기름을 넣고 삶는다.
6 은행은 향신유를 살짝 두른 팬에 볶다가 꽃소금을 넣고 볶아 껍질이 툭툭 터지면 키친타월에 쏟아 비벼서 껍질을 벗긴다.
7 대추는 돌려 깎아 반으로 썰고, 호두는 뜨거운 물에 데쳐 건져 꼬지로 속껍질을 벗긴다.
8 냄비에 조림장 재료를 넣어 살짝 끓인 뒤 4의 조린 갈비와 곁들임 재료 무, 당근, 밤, 은행, 대추, 호두를 넣고 조린 후 그릇에 담는다.

소고기무탕국

재료
무 600g, 소금물 적당히
(무가 잠길 정도),
향신즙 1큰술

육수
물 15컵, 양지머리 300g,
향신즙 2큰술, 황기 1뿌리,
다시마(사방 10cm) 1장, 대파
1뿌리, 굵은소금 ½큰술,
고운소금 약간

고기양념
향신즙 1큰술, 국간장 ½큰술,

육수양념
소고기육수 10컵, 국간장
1큰술, 굵은소금 ½큰술,
향신즙 ½큰술, 고운소금
⅓작은술

고명
석이지단·황란지단(or 황백지단)
1장씩, 미나리초대 3~4대

1. 무는 직사각형으로 나박 썰어, 향신즙을 넣은 끓는 소금물에 넣고 살짝 데친다.
2. 냄비에 육수 재료를 넣어 고기가 익을 정도로 푹 삶아 건더기는 건지고 국물은 체에 면포를 깔고 밭쳐 기름기 없이 깨끗하게 거른다.
3. 2의 건더기에서 양지머리만 건져서 무와 같은 크기로 썬 뒤 고기양념에 재운다.
4. 2의 육수를 끓여 간을 한 후에 1의 무와 3의 고기를 넣고 팔팔 끓인다.
5. 미나리초대는 무와 같은 크기로 썰고, 석이지단과 황란지단은 마름모꼴로 썬다.
   1. 미나리초대: 미나리를 다듬어 씻어 10~15cm 길이로 맞춰 꼬지에 끼워 밀가루와 달걀을 입힌 후 향신유를 두른 팬에 부친다. 식힌 후 무 크기로 썬다.
   2. 황란지단: 달걀의 흰자와 노른자를 분리해 각각 곱게 풀어 체에 거른 뒤 노른자만 소금으로 간하여 향신유를 두른 예열된 팬에 넓적하고 얇게 부친다.
   3. 석이지단: 석이버섯을 미지근한 물에 충분히 불려 안쪽 부분을 긁어낸 뒤 곱게 다지고, 곱게 풀어 체에 거른 달걀흰자에 소금, 녹말가루를 약간만 넣어 고루 섞은 뒤 향신유를 두른 예열된 팬에 넓적하고 얇게 부친다.

   간단히 끓일 때는 고명 대신 대파만 어슷하게 썰어 넣어주세요.
6. 4의 팔팔 끓는 소고기무탕국을 탕그릇에 담고 5의 미나리초대와 석이지단·황란지단을 올린다.

삼색나물

고사리나물

재료

데친 고사리 100g, 향신유 ½큰술, 참기름 ½작은술, 들기름 ½큰술

나물양념 향신장 1작은술, 국간장 ½큰술, 향신즙 ½큰술, 다시마육수 4큰술+6큰술 (+고운소금 약간), 파채·홍고추채·통깨 약간씩

1. 데친 고사리는 찬물에 헹궈 물기를 꼭 짠 뒤 3cm 길이로 썬다.
건고사리는 반나절이나 하루 전날 2배 분량의 물에 충분히 불린 뒤 팔팔 끓는 물에 데쳐주세요.
2. 1의 고사리에 향신장과 국간장, 향신즙을 넣고 고루 무쳐 15분간 재운다.
3. 예열된 팬에 향신유를 두르고 2의 고사리에 다시마육수를 넣어가며 약불로 조리듯 볶는다.
4. 3의 고사리를 물기가 없어질 때까지 볶은 뒤 참기름, 들기름, 홍고추채, 파채, 통깨를 넣어 고루 섞는다.
기호에 맞게 고운소금으로 간을 맞춘다.

도라지나물

재료

깐 도라지 100g, 향신유 ½큰술, 소금·파채·통깨 약간씩

1. 도라지는 길쭉하고 얇게 갈라 찢는다.
2. 1의 손질한 도라지를 찬물에 충분히 담가 쓴물을 빼낸다.
도라지의 쓴물을 빨리 뺄 때는 식초 ½큰술, 설탕 ½큰술, 소금 ⅓큰술에 무쳐 5분간 두었다가 물기를 살짝 짜면 돼요.
3. 도라지의 물기를 충분히 뺀 뒤 예열된 팬에 향신유를 두르고 소금을 약간 넣어 고들고들하게 볶다가 파채와 통깨를 뿌려 마무리한다.
수분이 없을 경우 기름 대신 다시마육수(2큰술)를 조금씩 넣어가며 볶아주세요.

시금치나물

재료
시금치 100g, 향신유 ½큰술, 소금 약간, 홍고추채 1작은술, 통깨 ½작은술

나물양념 향신즙 1큰술, 국간장 ½큰술

1. 시금치는 칼로 뿌리 부분을 잘라내고 흙이 남지 않도록 깨끗이 씻는다.
2. 끓는 소금물에 1의 시금치를 데쳐 재빨리 찬물에 헹구고 물기를 뺀다. 시금치는 무르기 쉬우므로 너무 익히지 않도록 주의해서 데치고 꺼낸 후 찬물에 헹구세요.
3. 2의 시금치를 손으로 꼭 짜서 물기를 빼고, 준비한 나물양념 재료를 넣고 재운 후 한 번 더 물기를 짠다.
4. 예열된 팬에 향신유를 두르고 시금치를 살짝 볶은 후 소금과 홍고추채, 통깨를 넣어 다시 한 번 볶고, 넓은 그릇에 펼쳐 식힌다. 데친 후에 볶으면 나물의 식감이 살고 빨리 쉬지 않아요.

송편

재료
멥쌀가루 4컵, 데쳐서 다진 쑥(or 쑥가루) 2큰술, 커피가루 1큰술, 설탕 1큰술, 집청 1큰술, 소금 약간, 끓는 물 넉넉히

깨소 깨소금 3큰술, 물 1작은술, 설탕 1작은술, 꿀 1작은술

팥소 팥고물(팥죽 206쪽 참고) 1컵, 설탕 1큰술, 소금 ⅛작은술, 집청 약간

콩소 불린 콩(or 햇콩) 1컵, 소금 약간

바르는 물 물 3큰술, 참기름 ½작은술, 꽃소금 아주 약간

소의 종류별로 색을 구분해 송편을 빚으면 골라 먹기 좋아요.

1. 멥쌀가루에 설탕과 소금, 집청을 넣어 고루 섞은 뒤 덩어리지지 않게 체에 한 번 내려 다진 쑥을 넣은 것, 커피가루를 넣은 것, 아무것도 넣지 않은 것으로 반죽 재료를 나눈다. 여기에 끓는 물을 조금씩 부어가며 익반죽한다.
2. 깨소 재료들을 한데 담아 고루 섞고, 팥은 충분히 불려 찐 뒤 소금과 간장, 설탕을 넣어 볶는다. 볶은 재료들을 체에 내려 조청(or 꿀)을 약간 넣어 버무린다. 콩소 재료의 콩은 불린 뒤 소금만 묻힌다.
3. 1의 반죽을 방망이 모양으로 빚어 폭을 고르게 잘라서 한입에 쏙 들어갈 정도로 동그랗게 빚고, 각 반죽 안에 소를 취향대로 넣어 빚는다.
4. 찜기에 솔잎→면포→3의 송편 순으로 얹어 40분간 찐다.
5. 4의 송편이 다 쪄지면 손과 떡이, 떡끼리 달라붙지 않도록 바르는 물 재료를 살짝 끓여 손에 발라가며 그릇에 담는다.

낙지젓갈과 도미생선홍찜 밥상

여러 가지 고명을 얹어 먹기도 아까울 정도로 예쁜 도미생선홍찜은 그 야말로 훌륭한 일품요리다. 손님상으로도 제격인 이 생선찜과 입맛을 돋게 해주는 낙지젓갈을 함께 놓으면 더욱 완벽한 밥상이 된다.

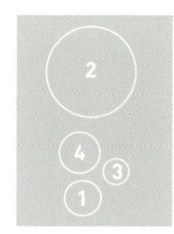

1 현미밥(22쪽 참고)
2 도미생선홍찜
3 낙지젓갈
4 배추김치(232쪽 참고)

도미생선홍찜

재료
도미(or 금태) 1마리, 밀가루 2큰술, 향신유 1큰술, 새송이버섯 1~2개, 빨간파프리카즙 1큰술, 녹말가루 1큰술, 물 ½큰술

재움양념 향신즙 1½큰술, 포도주 1큰술, 참기름 1방울

고명 황백지단채 1큰술, 고추채 1큰술, 풋고추채 1큰술, 새송이버섯채 1큰술

양념장 향신장 1½큰술, 향신즙 ½큰술, 고춧가루 1작은술, 다진 마늘 1작은술

 고수의 비법

찌기 전에 생선에 밀가루를 손으로 톡톡 두드려 살짝 입힌 뒤 1차로 살짝 구우면, 겉살이 단단해져서 쪘을 때 살이 부서지지 않아요.

1 도미는 머리와 꼬리를 살려 앞뒤로 포를 뜨고, 포를 뜬 살과 머리, 뼈를 재움양념에 1시간 정도 재운다(생선 손질 50쪽 참고).

2 1의 재운 생선살에 밀가루를 입혀 향신유를 두른 팬에 살짝 구워 생선살을 단단하게 하고, 머리와 뼈는 그릇에 담는다.

3 새송이버섯은 길이로 슬라이스해서 3등분하고 향신유를 두른 팬에 살짝 구워 2의 생선머리와 뼈 밑에 깐다.

4 3의 생선뼈와 버섯 위에 2의 살짝 구운 살을 얹어 한 마리의 생선 모양을 만들어 접시째 찜기에 넣어 20~25분간 찐다.
포 뜬 살의 껍질이 위로 보이게 해서 모양을 만드세요.

5 빨간파프리카즙, 녹말가루, 물을 넣어 고루 섞은 뒤 4의 찌는 생선에 발라가며 90% 정도 익힌다.
만약 파프리카즙만으로 색이 빨갛게 나오지 않을 경우에는 고춧가루를 살짝 넣어주세요.

7 볼에 양념장 재료를 넣어 고루 섞는다.

8 고명 재료를 5의 생선에 조금씩 올려 5분간 더 찐 뒤 접시에 담고, 7의 양념장을 곁들인다.

가을

별미

가을 햇볕에 잘 익은 늙은호박으로 끓인 죽은 소화가 잘 되지 않을 때나 간단하게 한 끼를 해결하고 싶을 때 제격이다. 호박죽과 함께 맑고 시원한 백김치 하나면 더할 나위 없이 행복한 가을 밥상이 된다.

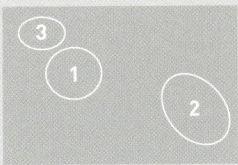

호박죽 밥상

1 호박죽 3 백김치(245쪽 참고)
2 두텁경단

호박죽

재료
늙은호박 600g, 물 3컵, 찹쌀풀 5큰술, 설탕 3~4큰술, 꽃소금 ½작은술

새알
찹쌀가루 1컵, 꽃소금 약간, 설탕 1큰술, 끓는 물 넉넉히, 잣 1작은술, 녹말가루 2큰술

고명
넝쿨콩 ¼컵, 밤 5개, 설탕 1작은술, 소금 약간

기호에 따라 고명으로 대추와 잣을 넣어도 좋아요.

1. 늙은호박은 5cm 폭으로 썰어 씨를 긁어낸 후 도마에 뉘어서 칼날을 빗겨 껍질을 벗긴다.

2. 1의 껍질 벗긴 호박을 얇게 썰어 냄비에 넣고 자작하게 물을 넣어 (3컵 정도) 호박이 무르게 익을 정도로 푹 삶아 한 김 식힌 뒤 국물과 함께 믹서에 갈거나 체에 내려 고운 퓌레 상태로 만든다.

3. 2의 호박과 찹쌀풀을 냄비에 넣어 눌어붙지 않게 약불로 끓인다.
찹쌀풀을 넣어야 죽을 쑤었을 때 물이 겉돌지 않아요.

4. 찹쌀가루 1컵 분량에 꽃소금과 설탕을 넣어 고루 섞고, 끓는 물을 조금씩 부어 익반죽한다. 한 덩어리로 뭉쳐지면 지름 1cm 크기로 반죽을 떼 내고, 반죽 속에 잣을 1알 넣어 동그랗게 빚는다. 빚은 새알에 녹말가루를 살짝 묻혀 털어내고, 끓는 물에 삶아 떠오르면 건져서 찬물에 담가 식힌다.

5. 밤은 콩알만 한 크기로 썰고, 냄비에 설탕, 소금, 물을 넣고 끓여 밤과 넝쿨콩을 넣어 삶아 건진다.

6. 3의 호박죽이 다 끓으면 5의 콩과 밤 삶은 것, 4의 새알을 넣고 섞어서 설탕과 꽃소금으로 간을 맞추고 그릇에 담는다.

두텁경단

재료
찹쌀가루 4컵, 진간장 1큰술,
설탕 1큰술, 집청 1큰술,
끓는 물 약간, 녹말가루 약간,
소금 약간

고물
거피팥 3컵, 설탕 2큰술,
집청 2큰술, 소금 1작은술,
후춧가루 약간

소
대추채 2큰술, 밤채 2큰술,
다진 호두 1큰술, 잣 1큰술,
꿀 1큰술, 유자청 1큰술,
계핏가루 1작은술, 팥고물
⅓컵, 소금·후춧가루 약간

고물 묻히기용
집청·꿀 약간씩

1. 팥(거피팥)을 6~7시간 불린 후, 면포를 올린 찜기에 40분 정도 찐다.
   손가락으로 팥을 눌렀을 때 포근하게 들어갈 정도로 쪄 주세요.
2. 팬에 1의 팥과 설탕, 집청, 소금, 후춧가루를 넣고 으깨면서 볶다가 고슬고슬해지면 체에 내려 고물을 만든다.
3. 냄비에 소 재료를 넣고 살짝 볶아 2의 팥고물(⅓컵)도 함께 넣어 버무려 은행알 크기로 빚는다.
4. 찹쌀가루에 진간장, 소금, 설탕, 집청을 넣고 비벼 체에 내린 후 끓는 물로 익반죽한다.
5. 4의 반죽을 치대어 경단을 빚고 속에 3의 소를 넣고 동그랗게 빚어 녹말가루를 살짝 굴리며 묻힌다.
6. 끓는 물에 5의 경단을 데치고, 경단이 떠오르면 건져 찬물에 살짝 담가 식힌다.
7. 6의 경단을 고물 묻히기용 집청과 꿀을 올린 쟁반에 굴린 후, 2의 고물에 한 번 더 굴린다.

가을

별미

곤드레나물로 구수하게 지은 밥, 장어구이 모양의 꽁치양념구이와 꽁치구이가 조화로운 밥상이다. 여기에 시원한 총각무물김치를 더하면 더부룩하지 않은 담백한 가을 밥상이 된다.

곤드레밥 밥상

1 곤드레밥   4 호박나물
2 꽁치구이   5 총각무물김치 (247쪽 참고)
3 꽁치양념구이   6 양념장

곤드레밥

재료
곤드레나물 70g, 물 넉넉히

나물양념
향신즙 1큰술, 들기름 1큰술,
국간장 ½큰술, 들깨가루 2큰술

밥
멥쌀 1½컵, 찹쌀 ⅓컵,
멸치육수 2컵, 향신즙 1작은술,
향신유 1큰술

양념장
된장 ⅓큰술, 국간장 1큰술,
건어물육수 3큰술, 고춧가루
½작은술, 다진 마늘 ½큰술,
다진 파 ½큰술, 참기름 ½큰술,
통깨 ½큰술

1 곤드레나물은 다듬어 물에 씻어, 넉넉하게 물을 부어 푹 삶는다.
2 1의 삶아진 곤드레나물과 삶은 물을 1시간 정도 두고 충분히 불려지면 물기를 꼭 짠다.
3 2의 물기 짠 곤드레나물을 먹기 좋은 크기로 숭숭 썰어 나물양념 재료에 고루 무친다.
4 멥쌀과 찹쌀을 함께 흐르는 물에 2~3번 깨끗이 씻어 체에 받쳐 물기를 뺀 뒤 나머지 밥 재료를 넣어 밥을 짓는다.
5 4의 밥을 센 불에 끓이다가 밥물이 끓어오르면 중불로 8분을 더 끓인 뒤 3의 곤드레나물을 넣고 약불에서 골고루 뒤적인 다음 다시 뚜껑을 닫아 약불로 뜸을 들인다.
6 볼에 양념장 재료를 넣어 고루 섞는다.
7 뜸들인 5의 곤드레밥을 그릇에 담고, 6의 양념장과 곁들인다.

꽁치구이

재료

꽁치 2마리, 향신즙 2큰술, 포도주 1큰술, 참기름 ½작은술, 녹말가루 2큰술, 향신유 3~4큰술

1. 꽁치는 뼈와 가시를 제거해서 향신즙과 포도주, 참기름에 20분간 재운다.
2. 1의 꽁치에 녹말가루를 고르게 묻혀 향신유를 두른 팬에 앞뒤로 노릇하게 굽는다.
   꽁치의 한쪽 면이 고르게 익으면 뒤집어서 살짝 구워주세요. 이 꽁치구이를 양념해서 먹으면 또 다른 느낌과 맛이 나지요. 구이 요리법대로 초벌구이한 뒤 양념만 고루 발라 2차로 다시 한 번 굽기만 하면 돼요(꽁치 양념(1마리 분량): 고추장 ½큰술, 고춧가루 1작은술, 향신장 ½큰술, 물 ½큰술, 다진 마늘 ½작은술, 향신즙 1작은술).

호박나물

재료

호박 ½개, 소금 약간, 고기채 50g, 홍고추채 약간, 향신유 1큰술, 향신즙 1큰술, 참기름 1작은술, 통깨 약간

1. 호박은 채 썰어 소금과 향신즙에 살짝 재운다.
2. 1의 호박의 물기를 제거하고 향신유를 두른 뜨거운 팬에 호박을 꼬들하게 재빨리 볶는다.
3. 2에 고기채와 홍고추채를 넣어 함께 볶는다.
4. 3이 다 볶아지면 참기름과 통깨를 뿌린다.

2부 3장_풍요로운 가을 밥상

가을

별미

추석을 새고 나면 명절 음식은 찬밥 신세가 되어 냉장고 안에 쌓인다. 냉장고를 열어 갖가지 전으로 전골을 만들고, 쓰고 남은 재료로는 아이들이 좋아하는 궁중떡볶이를 만들어보자. 남은 음식을 잘 활용하는 것은 기본, 가족 입맛도 살리는 별미 밥상이 된다.

궁중떡볶이 밥상

1 궁중떡볶이 **3** 배추김치(232쪽 참고)
2 갖은전골

궁중떡볶이

재료
떡볶이떡 300g, 소고기 100g, 향신장 1큰술, 참기름 1작은술, 통깨 1큰술, 향신유 약간

떡볶이조림양념
소고기육수 1컵, 향신즙 1큰술, 향신장 2큰술, 매실즙 ½큰술, 참기름 ½큰술

고기재움양념
향신즙 1큰술, 매실즙 ½큰술, 포도주 ½큰술

볶음양념
향신즙 ½큰술, 향신장 1큰술, 꿀 약간, 굴소스 ½작은술, 참기름 1작은술

부재료
당근 ½개, 새송이버섯 2개, 청오이 ½개, 향신즙 1큰술, 향신유 1큰술, 소금·후춧가루 약간씩

1. 떡볶이떡을 냄비에 담고, 떡볶이조림양념 재료를 함께 넣어 약불에 조린다.
   떡이 딱딱하면 끓는 물에 한 번 데쳐 사용하세요.

2. 소고기는 1cm 두께로 썰어 고기재움양념 재료에 15~20분간 재운 뒤 향신유를 두른 팬에 겉만 익게 살짝 굽는다. 구운 소고기는 떡볶이 크기보다 작게 썰어 볶음양념 재료로 살짝 볶는다.

3. 당근과 새송이버섯은 각각 소금물에 데쳐 떡볶이떡 크기로 썰고, 오이는 길이로 반을 잘라 씨를 제거하고, 떡볶이떡과 같은 크기로 썰어 소금을 살짝 뿌려 10분간 절인 뒤 꼭 짠다.

4. 향신유를 두른 팬에 3의 재료를 넣고 향신즙과 소금, 후춧가루로 간하여 볶는다.

5. 먹기 직전에 1의 조린 떡과 2의 볶은 소고기, 4의 볶은 당근과 새송이버섯, 오이를 팬에 함께 넣고 향신장과 참기름을 넣어 버무리듯 조린 후 오목한 접시에 담아 통깨를 뿌린다.

갖은전골

재료
두부 ½~1모, 대파 1뿌리, 호박 ½개, 새송이버섯 2개, 죽순 1개, 쑥갓 20g, 홍고추 1개, 추석에 남은 전들(10~15개 정도), 소금 약간

육수양념
소고기육수(or 멸치육수) 5컵, 국간장 2큰술, 다진 마늘 1큰술, 소금·후춧가루 약간

1. 두부는 두께 1cm, 길이 4cm, 넓이 3cm로 썰고, 대파는 5cm 길이로 잘라서 길이로 4등분하고 새송이버섯은 납작하게 썬다.
2. 호박은 2cm 길이로 잘라서 4등분해 납작하게 썰고, 죽순은 길이로 반을 잘라서 주름 사이에 있는 하얀 부분을 긁어내고 빗살을 살려 썬다.
3. 1의 두부와 새송이버섯, 2의 호박과 죽순을 끓는 소금물에 살짝 데친 후 물기를 뺀다.
4. 쑥갓은 지저분한 잎을 떼 내어 5~6cm 길이로 썰고, 홍고추는 반으로 잘라서 씨를 털어내고 채 썬다.
5. 냄비에 육수양념 재료를 넣어 고루 섞어 팔팔 끓인다.
6. 전골냄비 가운데 부분에 두부를 담고 가장자리에 새송이버섯, 전, 대파, 전, 죽순, 전, 호박 순으로 돌려 담는다. 5의 육수를 전골에 끼얹어 불에 올려 익히면서 먹는다.

갖은전골은 명절 음식이 남았을 때 활용하면 좋아요. 남은 전을 이용한 별미 전골이니 육수는 자작하게 넣어 끓이세요. 전과 채소를 건져 간장에 찍어 먹으면 정말 맛있답니다.

4장

몸을 보하는 겨울 밥상

추위 때문에 활동량이 줄어들면 면역력이 약해지기 쉽습니다. 그런 만큼 겨울은 밥상 차리는 데 많은 신경을 써야 합니다. 제철에 나는 식재료가 제한적인 만큼 밥 한 그릇에도 영양을 생각해야 하지요. 줄어드는 활동량 때문에 칼로리를 고려해야 하고, 다양한 비타민 섭취가 가능한 식단을 짜서 면역력을 높이는 데에도 신경을 써야 합니다.

그렇다고 너무 어렵게 생각할 필요는 없습니다. 다양한 곡물을 고루 섭취할 수 있는 오곡밥이나 비타민 섭취를 위한 채소밥 등을 준비하고 양념장과 김치만 더 놓아도 영양 균형이 잘 잡힌, 훌륭한 한 상을 차릴 수가 있으니까요.

긴긴 겨울, 추위 때문에 움츠려들지 않고 건강하고 활기차게 잘 보낼 수 있는 보약 같은 겨울 밥상. 어떻게 차려야 할지 궁금하시죠? 지금부터 소개합니다.

맑은호박두부국과 대하구이 밥상

재료 자체만으로도 존재감이 있는 대하는, 겨울 밥상을 빛내는 주인공이다. 생일이나 가족모임, 명절을 위한 메뉴로도 손색이 없는 대하구이로 더욱 특별한 겨울 밥상을 만들어보자.

1 오약반(23쪽 참고)   4 뱅어포구이
2 맑은호박두부국   5 맑은홍백김치
3 대하구이   (219쪽 참고)

대하구이

재료
대하 8마리, 풋고추채 ½개 분량, 홍고추채 ½개 분량, 황란지단채 1큰술, 향신유·소금 약간씩

밑간양념 향신즙 2큰술, 포도주 1큰술, 매실즙 1큰술, 소금·후춧가루 약간씩

구이양념 향신장 2큰술, 고추기름 1작은술, 꿀 1작은술, 육수 1큰술, 참기름 ½작은술

Point 고수의 비법

대하 배 쪽에 머리부터 다리 사이로 꼬지를 얕게 꽂아 뼈대를 만들어주면 가열할 때 새우의 등이 구부러지지 않아 모양이 예뻐요.

1. 대하는 꼬지로 등쪽의 내장을 없앤 후, 배 쪽에 꼬지를 꽂아 새우를 바르게 편다.
2. 꼬리 쪽 두 마디를 남기고 가위로 등 쪽의 껍질을 자른다. 자른 등껍질 쪽에 칼을 넣어 새우살을 길이로 잘라 양옆으로 펼쳐 흐르는 물에 깨끗이 씻은 후 물기를 제거하고 칼등으로 두드린다.
3. 밑간양념 재료를 고루 섞어 2의 손질한 대하의 살 부분을 중심으로 뿌려 10분간 재운다.
4. 풋고추채와 홍고추채를 각각 향신유를 두른 팬에 소금을 약간 넣고 볶는다.
5. 볼에 구이양념 재료를 넣어 고루 섞는다.
6. 팬에 3의 밑간한 대하를 굽는데, 껍질이 빨갛게 익으면 5의 구이양념 재료를 두세 번에 나눠 발라가며 굽는다. 대하가 어느 정도 익은 후에 양념장을 발라야 타지 않고 잘 익어요.
7. 6의 구운 대하의 꼬지를 빼고 4의 볶은 풋고추채, 홍고추채, 황란지단채를 조금씩 얹는다.

맑은 호박두부국

재료
두부 ½개, 호박 1개, 국간장 1작은술, 소금 약간, 소고기편육 50g

고명 파 ⅓뿌리, 풋고추채 1큰술, 홍고추채 1작은술, 팽이버섯 ¼봉

육수 건어물육수 2컵, 향신즙 1½큰술, 새우젓국물 1작은술, 국간장 ½큰술, 소금 약간

1 두부와 호박을 한입 크기로 깍둑썰기 하고, 두부는 소금에 호박은 국간장에 15분간 절인 뒤 물기를 제거한다. 소고기편육은 먹기 좋은 크기로 편 썬다.
두부에 소금을 뿌려 10분간 재워 간수가 충분히 빠져나오면 물기를 없애고 사용하세요.

2 파는 어슷하게 썰고, 풋고추와 홍고추는 길이로 반을 갈라 씨를 털어낸 뒤 곱게 채 썬다. 팽이버섯은 밑동을 잘라 길이로 반을 자른다.

3 냄비에 건어물육수와 향신즙을 넣어 팔팔 끓인 뒤 소금과 새우젓국물로 간을 맞춘다.

4 3의 육수가 끓으면 1의 호박을 넣어 끓이다가 두부를 넣고 다시 한 번 끓인다.
재료의 단단하기가 다르므로 호박을 먼저 넣고 살짝 끓으면, 두부를 넣고 끓이세요.

5 4가 끓으면 1의 편육과 2의 고명을 넣어 살짝 더 끓인다.

뱅어포구이

재료
뱅어포 3장, 향신유 1큰술, 향신즙 1큰술, 통깨 ½작은술

구이양념
고추장 1큰술, 향신장 1작은술, 고추기름 1큰술, 설탕 1작은술

1 향신유와 향신즙을 잘 섞어 뱅어포에 골고루 발라 살짝 촉촉해지게 10분간 재운다.

2 볼에 준비한 구이양념 재료를 넣어 고루 섞어 1의 뱅어포에 골고루 바른다.

3 2의 양념한 뱅어포를 석쇠에 올려 약불에 굽는다. 타지 않도록 앞뒤로 뒤집어가며 뱅어포가 꾸덕꾸덕해지게 굽는다.

4 3의 구운 뱅어포를 먹기 좋은 크기로 잘라 접시에 담고 통깨를 뿌린다.

굴구이와 콩나물밥 밥상

콩나물밥에 양념장 하나면 별다른 반찬 없이도 밥 한 그릇이 뚝딱이다. 값싸고 손쉽게 구할 수 있는 콩나물이 이토록 근사할 수가 없다. 조금 아쉽다면 맛있는 겨울 굴을 양념해 구워 함께 밥상에 올려보자.

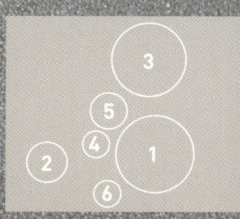

1. 콩나물밥 4. 매실장아찌(262쪽 참고)
2. 감자국   5. 부추김치(236쪽 참고)
3. 굴구이   6. 양념장

콩나물밥

재료

콩나물 200g, 물 ½컵, 향신즙 1작은술, 향신유 1큰술, 소금·후춧가루 약간

밥 불린 멥쌀 3컵, 멸치육수 3컵, 향신유 1큰술, 향신즙 ½큰술, 소금 약간

고명 데친 새우 100g, 소고기채 100g, 오이 ½개, 밤 3개, 향신즙 1작은술, 참기름 1방울, 소금·후춧가루 약간씩, 향신유 1큰술

양념장 진간장 3큰술, 멸치육수 1큰술, 고춧가루 ½큰술, 다진 파 1큰술, 다진 마늘 1큰술, 깨소금 1큰술, 참기름 1작은술

어린이를 위한 양념장 향신장 3큰술, 멸치육수 3큰술, 향신즙 1작은술

1. 콩나물은 꼬리를 다듬어 비린내가 살짝 가실 정도로만 삶아서 체에 밭친다.
2. 1의 삶은 콩나물에 향신즙과 소금, 후춧가루 넣어 고루 무친 뒤 향신유를 두른 팬에 살짝 볶는다.
3. 고명 재료에서 데친 새우는 껍질째 향신유에 볶은 후 껍질은 벗겨내고 3등분한다. 오이는 돌려 깎기한 후 채 썰어 소금에 절여 향신유에 볶는다. 밤은 껍질을 벗겨 슬라이스해서 볶는다. 소고기채는 향신즙과 소금, 후춧가루로 간해서 향신유에 볶는다.
4. 냄비에 밥 재료를 넣고 밥을 짓다가 마지막 뜸을 들일 때 2의 볶은 콩나물과 3의 볶은 고명들을 함께 얹어 마저 뜸을 들인다.
5. 볼에 준비한 양념장 재료를 넣어 고루 섞는다.
6. 4의 완성된 콩나물밥을 그릇에 담고 기호에 따라 양념장을 곁들인다.

굴구이

재료
굵은 굴 200g, 고운소금 1작은술, 향신즙 ½큰술, 향신유 ½큰술, 잣가루 ½큰술, 소금 약간

곁들임 마늘 10쪽, 풋고추채 3개 분량, 홍고추 약간, 소금·향신유 약간씩

1. 굴을 묽은 소금물에 담가 껍데기를 골라내면서 살살 흔들어 씻고 체에 밭쳐 물기를 뺀다.
2. 1의 굴에 고운소금, 향신즙을 섞어 10분간 재운다.
3. 마늘은 끓는 소금물에 넣고 익으면 건진다. 풋고추는 마늘 크기로 썬다.
4. 살짝 달군 팬에 향신유를 둘러 2의 굴이 표면만 익게 살짝 구워 꺼내고 국물은 팬에 남긴다.
   뜨거운 팬에 굴을 익히면 질겨지고 국물이 나오지 않으니 주의하세요.
5. 4의 굴에서 나온 국물에 잣가루를 넣어 조리다가 굴을 다시 넣어 양념이 배게 살짝 볶는다.
6. 다른 팬에 향신유를 둘러 3의 마늘과 풋고추를 볶는다.
7. 5의 굴구이, 6의 볶은 마늘과 풋고추를 꼬지에 번갈아 끼우고, 나머지 남은 재료를 가운데 담고 홍고추를 올린다.

감자국

재료
감자 300g(2개), 굵은소금 1작은술, 소금물 3컵 (물 3컵+굵은소금 1작은술)

육수 멸치육수 4컵, 국간장 1방울, 진간장 1방울, 굵은소금·고운소금 약간씩

고명 데친 잔새우 5마리, 파채 1큰술, 팽이버섯 약간, 홍고추채 1큰술

1. 감자는 껍질을 벗겨 밤톨만 하게 잘라 모서리를 돌려 깎기 한다.
2. 1의 감자를 팔팔 끓는 소금물에 80% 정도 삶아서 건진다.
3. 냄비에 육수 재료를 넣어 팔팔 끓여 굵은소금과 고운소금, 국간장, 진간장으로 간을 맞춘다.
4. 파, 홍고추는 채 썰고, 팽이버섯은 밑동을 자르고, 새우는 데친다.
5. 3의 육수가 끓으면 2의 감자를 넣어 끓여 감자가 익으면 4의 고명을 넣어 살짝 끓인다.

새우전과 육개장 밥상

찬바람이 불면 뜨끈한 국물 생각이 간절해진다. 겨울철에 필요한 영양소를 한 그릇에 다 담은 육개장이라면 추위를 이겨내는 건 물론 겨울에 자칫 소홀해질 수 있는 영양 밸런스도 챙길 수 있다.

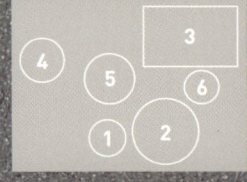

1 백미밥(19쪽 참고)   4 우엉채조림
2 육개장   5 백김치(245쪽 참고)
3 새우전   6 누룽지

육개장

재료
대파 3뿌리, 숙주 150g, 미나리 100g, 토란대 100g, 느타리버섯 100g, 꽃소금·향신유 약간씩

육수 양지머리 300g, 물 10컵, 향신즙 1작은술, 국간장 ½작은술, 굵은소금·고운소금 약간씩

양념 고춧가루 3큰술, 고추장 ½작은술, 국간장 3큰술, 참기름 1작은술, 향신유 1작은술, 향신즙 1작은술, 굵은소금 1작은술, 고운소금 약간

Point 고수의 비법

육개장에 들어가는 채소는(파 제외) 미리 데쳐서 양념에 버무려야 간이 배고 채소의 식감도 살아요. 그렇지 않으면 국물에만 간이 배고 건더기는 싱거워져 맛이 없어요.

1. 육수 재료에서 물을 냄비에 넣고 끓으면 양지머리를 넣어 끓이면서 중간 중간 생기는 거품을 걷어낸다.

2. 1의 고기를 젓가락으로 찔렀을 때 쑥 들어가면 고기를 건져서 식힌 후 가늘게 찢고, 국물은 면포에 밭쳐서 향신즙과 국간장, 소금으로 간한다.

3. 대파는 6cm 길이로 썬 뒤 길이로 4등분하고, 끓는 물에 데쳐 재빨리 찬물에 헹구고 건진다. 대파를 데치지 않으면 국물이 텁텁하고 달아요.

4. 숙주는 양 끝을 다듬어 끓는 소금물에 살짝 데친 후 재빨리 찬물에 헹궈 물기를 뺀다. 미나리, 토란대, 느타리버섯도 각각 끓는 소금물에 데친 후 미나리와 토란대는 먹기 좋은 크기로 썰고, 느타리버섯은 찢는다.

5. 양념 재료로 양념을 만든 후 볼에 4의 채소와 양념의 일부만 넣고 조물조물 무친다.

6. 냄비에 향신유를 두르고 2의 찢은 고기와 3의 대파, 5의 채소를 넣고, 나머지 양념을 넣어 볶다가 2의 육수를 넣고 푹 끓인다.

새우전

재료
중하 10마리, 밀가루 3큰술, 달걀 1개, 향신유 넉넉히

새우밑양념 향신즙 1큰술, 포도주 ½큰술, 고운소금·후춧가루 약간씩

고명 다진 홍고추 1작은술, 다진 풋고추 1작은술, 다진 양파 ¼작은술, 마요네즈(or 찹쌀가루) 약간

양념장 진간장 1큰술, 설탕 1작은술, 육수 2큰술, 향신즙 ½작은술, 배즙 ½작은술

1. 중하는 머리를 떼고 꼬리만 남겨 껍질을 벗기고 등 쪽에 칼집을 넣어 내장을 뺀 후 양쪽으로 살을 벌려 칼등으로 두드려 편다.
2. 1의 새우에 새우밑양념 재료를 묻혀 15분간 재우고, 고명으로 준비한 채소는 다져서 마요네즈에 무친다.
3. 2의 새우에 밀가루를 얇게 묻혀 털어내고, 마요네즈에 무친 고명을 새우 중앙에 올리고 체에 내린 달걀물을 입힌다.
4. 향신유를 두른 팬에 3의 새우를 노릇하게 부친다.
5. 볼에 양념장 재료를 섞어 새우전과 곁들인다.

우엉채조림

재료
우엉 1대(150g), 단촛물 3컵, 향신즙 1큰술, 통깨 ½작은술, 실고추 약간

조림양념 진간장 3큰술, 물엿 1큰술, 황설탕 ½큰술, 향신즙 2큰술, 향신유 1큰술

1. 우엉은 칼등이나 필러로 긁어 껍질을 벗겨 3cm 길이로 어슷 썰어 가늘게 채 썰고, 단촛물에 잠깐 담갔다 뺀다.
   우엉을 단촛물(or 식초물)에 담갔다 빼면 갈변현상이 일어나지 않아요.
2. 냄비에 1의 우엉채를 넣고 자작하게 물을 붓고 향신즙을 넣어 완전히 익힌 후 건진다.
3. 다른 냄비에 조림양념 재료를 넣고 끓인다.
4. 3의 양념이 끓으면 2의 우엉채를 넣고 조린다.
5. 4의 국물이 거의 없어질 때까지 조린 뒤 통깨와 실고추로 마무리한다.

황탯국과 꼬막무침 밥상

팥으로 죽이나 떡만 해 먹지 말고, 맛있고 고소하게 밥으로 만들어보자. 여기에 속을 풀어주는 시원하고 뜨끈한 황탯국과 겨울에 더 맛있는 꼬막까지 더하면 어느새 추위도 잊게 된다.

1 팥밥(20쪽 참고)   4 장조림
2 황탯국   5 배추김치(232쪽 참고)
3 꼬막무침   6 김구이

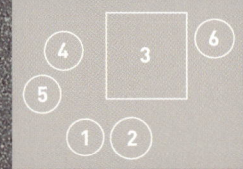

장조림

Point 고수의 비법

고기류는 처음에 간을 하지 않고 익혀야 해요. 익힌 후에 간을 해야 질기지 않고 부드러우며, 간도 적당히 잘 배요.

재료
소고기(우둔살) 300g, 물 2컵, 수삼잔뿌리 약간, 마늘 2쪽, 향신즙 1큰술

조림양념 향신장 ½컵, 꿀 1작은술, 설탕 1큰술, 소고기육수 ½컵

1. 소고기는 흐르는 물에 재빨리 씻고, 수삼잔뿌리도 겉에 묻은 흙을 닦아낸 뒤 흐르는 물에 재빨리 씻는다.

2. 냄비에 고기가 잠길 정도의 물을 넣고 팔팔 끓으면 1의 소고기와 수삼잔뿌리, 마늘, 향신즙을 넣어 끓인다. 다시 끓기 시작하면 불을 약하게 줄이고 젓가락으로 찔렀을 때 고기가 쑥 들어갈 만큼 푹 삶는다.

3. 2의 소고기가 잘 삶아지면 고기를 건져내고, 국물은 면포에 밭쳐 기름을 제거하고 맑은 육수만 남긴다.

4. 냄비에 3의 건진 고기를 덩어리째 담아 향신장과 꿀, 설탕을 넣어 간이 배도록 약불에 조린다.

5. 4의 고기에 간장이 2mm 정도 배게 끓이다가 3의 맑은 소고기육수(½컵)를 넣고 중불에서 10~15분간 끓인다.

6. 장조림은 미리 고기를 찢어 간장에 담그면 너무 짜기 때문에 상에 낼 때마다 가늘게 찢은 고기와 간장을 조금씩 곁들인다.

황탯국

재료
황태 1마리, 향신즙 1큰술, 국간장 1작은술, 고운소금 약간, 참기름 1작은술, 팽이버섯 ½봉, 대파 5cm, 홍고추 ½개

육수 황태머리 1마리분, 건어물육수 4컵, 무즙 1큰술, 양파즙 1큰술, 마늘즙 1작은술, 청주 1큰술, 국간장 1큰술, 고운소금 약간

1. 냄비에 육수 재료를 넣어 끓으면 약불로 5~10분 더 끓여 연한 육수를 내고 면포에 거른다.
   황탯국을 끓일 때는 연한 육수나 물로 끓여야 해요.
2. 황태를 가늘게 찢어 물에 헹궈 볼에 담고 향신즙과 국간장, 고운소금을 넣어 무친다.
3. 참기름을 두른 냄비에 2의 황태를 볶다가 1의 육수를 넣어 끓인다.
4. 팽이버섯은 밑동을 잘라 씻어 물기를 제거하고, 대파는 어슷하게 썬다. 홍고추도 씨를 없애고 어슷하게 썬다.
5. 3이 끓으면 거품을 걷고 4를 넣어 더 끓인다.
6. 5의 황탯국의 간을 맞춘다.

꼬막무침

재료
꼬막 1.5kg, 굵은소금 ½컵, 향신즙 1큰술

꼬막양념 향신장 2큰술, 국간장 2큰술, 향신즙 1큰술, 매실즙 ½큰술, 다진 파 1큰술, 다진 홍고추 ½큰술, 다진 달래(or 다진 쑥갓) 2큰술, 다진 청양고추 ½큰술, 다진 마늘 ½작은술, 고춧가루 ½~1큰술, 참기름 1큰술, 깨소금 1큰술, 후춧가루 약간

1. 꼬막은 굵은소금으로 빠득빠득 문질러서 흐르는 물에 깨끗이 씻는다.
2. 큰 냄비에 꼬막의 3배 이상의 물을 넣고 끓으면 향신즙과 1의 꼬막을 넣는다. 꼬막이 살짝 벌어지기 시작하면 꼬막을 체에 건진다.
   꼬막을 끓는 물에 넣어 삶을 때 물의 온도가 떨어지지 않도록 많은 양의 물(향신물)을 펄펄 끓여서 데치는 것이 좋아요.
3. 2의 꼬막이 식으면 껍질을 한쪽만 깐다.
4. 꼬막양념 재료를 섞어 3의 꼬막살에 끼얹는다.

순두부찌개와 편육깻잎쌈 밥상

밖에서 먹는 순두부찌개보다 더 맛있는 우리 집표 순두부찌개와
소고기를 담백하고 건강하게 먹을 수 있는 편육쌈이면 한정식집
부럽지 않은 밥상이 된다. 편육쌈과 함께 고추물김치의 고추를
아삭아삭 씹어 먹으면 식감과 그 맛의 조화가 정말 훌륭하다.

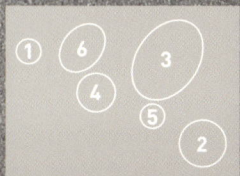

1 현미밥(22쪽 참고) 4 숙주나물
2 순두부찌개   5 새우육젓
3 편육깻잎쌈   6 고추물김치(25쪽 참고)

편육깻잎쌈

재료
소고기(아롱사태) 600~700g(한 덩어리), 수삼 2뿌리, 밤 3개, 대추 3개, 홍고추 1개, 실부추 30g

삶는 양념
향신즙 1큰술, 참기름 1작은술, 향신장 1작은술, 대파 ½뿌리

깻잎절임양념
깻잎 20장, 향신즙 1큰술, 향신장 1큰술

깻잎양념
향신장 1큰술, 고춧가루 ½큰술, 통깨 ½큰술, 다진 마늘 ½큰술

무침양념
겨자초장 1큰술, 식초 ½큰술, 진간장 ¼작은술

1. 소고기는 흐르는 물에 재빨리 씻어낸 뒤 실로 묶는다.
   실로 묶어 삶으면 고기의 모양이 뒤틀리지 않고 줄어들지 않아요.
2. 냄비에 소고기가 잠길 정도의 물을 넣고 팔팔 끓인 뒤 삶는 양념 재료와 1의 고기를 넣어 삶는다. 고기의 겉이 익으면 약불로 줄여 20~30분 정도 더 삶는데, 꼬지로 찔러서 쑥 들어갈 정도면 된다.
3. 2의 고기가 익으면 육수에 넣은 채로 고기를 식힌 후 고기를 길이로 반을 잘라 얇게 썬다.
   고기가 살짝 식었을 때 랩에 싸서 냉동실에 살짝 얼리면 얇게 썰기 쉬워요.
4. 깻잎은 씻어 물기를 완전히 털고 줄기 쪽을 모아 쥐고 세워 향신즙과 향신장 섞은 것을 사이사이 넣어 10~15분간 절여 물기를 뺀다.
5. 깻잎양념 재료를 섞어 4의 깻잎에 켜켜이 발라 길이로 반을 자른다.
6. 수삼은 줄기 부분을 잘라내고 칼등으로 껍질을 벗겨 가늘게 채 썰고, 밤도 채 썬다.
7. 대추는 돌려 깎아 씨를 제거해 채 썰고, 홍고추는 반으로 갈라 씨를 털어낸 뒤 채 썬다. 실부추는 다른 고명과 비슷한 길이로 썬다.
8. 큰 볼에 6, 7의 채 썬 채소를 넣고 무침양념 재료를 넣어 무친다.
9. 그릇에 3의 편육과 5의 깻잎을 담고, 8의 채소를 곁들인다.

숙주나물

재료
숙주 100g, 향신물 4~5컵, 향신유 1작은술, 향신즙 1작은술, 소금 약간

나물양념 향신장 ½작은술, 국간장 ½작은술, 다진 마늘 ¼작은술, 홍고추채 ½작은술, 풋고추채 ½작은술, 통깨 약간

1. 숙주는 꼬리를 따서 깨끗이 씻는다.
2. 끓는 향신물에 숙주를 넣고 뚜껑을 덮어 살캉하게 익을 정도로 데친 뒤 체에 건져 자연스럽게 물기를 뺀다.
   절대 손으로 꼭 짜거나 찬물에 헹구지 마세요.
3. 예열된 팬에 향신유를 살짝 둘러 1의 데친 숙주와 향신즙, 소금을 넣고 숙주가 뭉그러지지 않게 살짝 볶는다.
4. 3의 숙주에 나물양념을 넣어 살살 무친다.

순두부찌개

재료
순두부 1봉지, 국간장 ¼큰술, 향신즙 1큰술, 고운소금 약간, 새우 5마리, 향신물 1컵, 팽이버섯 ½봉, 대파 8cm, 풋고추 1개, 홍고추 1개, 향신유 1작은술

차돌박이양념 차돌박이 50g, 소고기육수 2큰술, 고춧가루 ½큰술, 다진 마늘 1작은술, 향신즙 ½큰술

육수 소고기육수 1컵, 국간장 ¼작은술, 진간장 ¼작은술, 고운소금·꽃소금 약간씩

1. 순두부를 그릇에 쏟은 다음 숟가락으로 큼직하게 썰어 국간장과 향신즙, 고운소금으로 밑간해서 1시간 이상 둔 뒤, 체에 밭쳐 물기를 뺀다.
2. 뚝배기에 향신유를 두르고 준비한 차돌박이양념 재료를 넣어 고루 볶는다.
3. 새우는 껍질을 벗겨 향신물에 씻어 건지고, 팽이버섯은 밑동을 제거한다. 대파와 풋고추, 홍고추는 씨를 털어내고 어슷 썬다.
4. 2의 차돌박이 볶은 것에 육수 재료를 넣고 끓이다가 1의 순두부와 3의 새우, 팽이버섯, 대파, 고추 순으로 넣어 한소끔 더 끓인다.
   두부 때문에 국물 양이 늘어나므로 육수는 조금만 넣으세요.

Point 고수의 비법

순두부는 큼직하게 썰어 밑간을 좀 세게 해서 재워 놔야 물이 빠지고 단단해져서 찌개에 넣었을 때 부서지지 않아요.

묵은나물과 오곡밥 밥상

다섯 가지 곡식으로 지은 오곡밥에 씹을수록 고소하고 담백한 묵은나물로 차린 정월대보름 한 상이다. 밥과는 따로 먹던 부럼까지 조림 반찬으로 만들면 한꺼번에 즐길 수 있다.

1 오곡밥(22쪽 참고)
2 묵은나물
3 호두견과류조림
4 삼색나물(시금치, 고사리, 도라지) (156,157쪽 참고)

묵은나물

재료

묵은나물
무청 200g, 가지 200g, 취나물 150g,
호박오가리 200g

묵은나물양념(4가지 나물양념 분량)
멸치육수 1½컵, 들기름 2큰술, 참기름 2큰술,
향신장 ½큰술, 국간장 1큰술, 향신유 2큰술,
소금 약간

고명
파채 · 고추채 · 통깨 약간씩

1. 무청과 가지, 취나물은 각각 푹 삶아 찬물에 헹군 뒤 깨끗이 씻어 1~2시간 우린 뒤 물기를 꼭 짠다. 호박오가리도 깨끗이 씻어 1~2시간 물에 불렸다가 꼭 짠다.
   1~2시간보다 오래 우리면 나물 고유의 맛과 향이 너무 많이 빠져버려요.
2. 묵은나물을 향신유에 볶으면서 향신장, 국간장, 소금으로 간을 하고, 육수를 조금씩 넣어가며 약중불로 은근히 조린다.
3. 2가 거의 조려져 나물이 익으면 들기름, 참기름과 파채, 고추채, 통깨를 넣고 살짝 더 볶는다.

Point 고수의 비법

나물을 볶을 때 육수를 한꺼번에 넣지 말고 조금씩 나눠 넣어가며 볶아주면 식감도 살고 향도 죽지 않아요.

호두견과류조림

재료

호두 100g, 캐슈너트 100g, 땅콩 50g, 아몬드 50g,
호박씨 50g

조림양념

향신장 1큰술, 메이플시럽 3큰술, 포도주 3큰술, 조청
1큰술

1. 준비한 견과류(호두, 캐슈너트, 땅콩, 아몬드, 호박씨)를 냄비에 담아 물을 자작하게 넣고 약불에 살짝 우려낸 뒤 체에 밭쳐 물기를 뺀다.
2. 냄비에 조림양념 재료를 넣고 살짝 끓인다.
3. 2에 1의 물기를 뺀 견과류를 넣어 중불에서 조리다가 살짝 끓어오르면 약불에 조린다.

고기콩쌈장과 두부양배추쌈 밥상

추위 때문에 활동량이 떨어지는 겨울에는 체중이 늘어 고민이다. 고기 대신 두부로 쌈을 싸 먹으면 영양은 높고 칼로리는 낮아 고민이 해결된다. 쌈 재료가 양배추라면 위 건강에 도움을 주어 소화 고민도 해결된다.

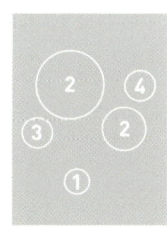

1 현미밥(22쪽 참고)
2 두부양배추쌈
3 고기콩쌈장
4 아이깍두기(239쪽 참고)

두부양배추쌈

두부양배추쌈

재료

찐 양배추 300g

두부밑양념 손두부 1모, 소금물 2컵, 향신유 1큰술, 향신즙 1큰술, 국간장 1큰술

채소볶음 표고버섯채 30g, 새송이버섯채 30g, 대추채 5개분, 향신즙 1큰술, 향신유 1큰술, 소금·후춧가루 약간씩

육수 채소육수 ½컵, 국간장 ½큰술, 향신장 1작은술, 고추기름 ½작은술, 참기름 1작은술, 녹말가루 약간

1 두부를 두께 1.5cm, 길이 4cm로 썰어 소금물에 살짝 데치고(간수 빼기) 체에 받쳐 물기를 뺀 뒤 향신유를 두른 팬에 구우면서(두부를 단단하게) 향신즙과 국간장으로 간한다.
2 채소볶음 재료를 향신유를 두른 팬에 넣고 살짝 볶는다.
3 냄비에 육수 재료를 넣고 끓여 1의 두부를 넣어 조려낸(두부에 양념이 잘 배게) 후에 2의 볶은 채소를 얹고 찐 양배추와 함께 낸다.

고기콩쌈장

재료

삶은 백콩 ¼컵, 생땅콩 2큰술, 호두 1큰술

고기쌈장 다진 소고기 3큰술, 소고기육수 1컵, 된장 2큰술, 향신즙 1큰술, 들깨가루 1큰술

채소양념 다진 채소 ½컵, 잣 1작은술, 참기름 1작은술

1 삶아 껍질을 제거한 콩은 땅콩, 호두와 함께 굵직하게 다진다.
2 냄비에 고기쌈장 재료를 넣고 고루 풀어 준 뒤 불에 올려 끓인다.
3 2의 재료가 어느 정도 졸여지면 1의 다진 콩과 다진 견과류를 넣고 적당히 조린다.
4 3이 살짝 끓어오르면 채소양념 재료를 넣고 살짝 익힌다.

겨울

별미

입맛도 없고 반찬도 딱히 없을 때, 김치만으로 별미를 맛볼 수 있는 밥상이다. 기름기 많은 익숙한 김치볶음밥 대신 시원한 김치를 송송 썰어 넣은 김치밥으로 아삭함을 느껴보자. 샐러드처럼 먹을 수 있는 맑은 보쌈김치 국물을 같이 먹으면 한층 개운함을 느낄 수 있다.

김치밥 밥상

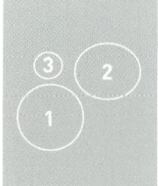

1 김치밥
2 백보쌈김치(254쪽 참고)
3 양념장

김치밥

Point 고수의 비법

밥을 지을 육수에 향신유를 살짝 넣어주면 밥에 윤기가 나고 밥알이 탱글탱글해져 고소하고 차진 밥이 돼요.

재료

불린 멥쌀 3컵, 불린 찹쌀 1컵, 멸치육수 3½컵, 향신유 1큰술, 꽃소금 1작은술

김치소 김치 200g, 오이 1개, 향신유 1큰술, 소금·후춧가루 약간씩

차돌박이양념 차돌박이채 100g, 향신즙 ½큰술, 참기름 ⅓작은술, 꽃소금·후춧가루 약간씩, 향신유 1작은술

잔새우양념 잔새우 100g, 향신물 1½큰술, 향신유 ½큰술, 소금·후춧가루 약간씩

양념장 향신장 1작은술, 진간장 1작은술, 국간장 1작은술, 멸치육수 2큰술, 향신즙 1큰술, 참기름 ½큰술, 다진 마늘 ½큰술, 통깨 1큰술, 후춧가루 약간

1 멥쌀과 찹쌀은 함께 깨끗이 씻은 뒤 체에 밭쳐 물기를 빼고 30분 정도 불린다.
2 김치는 속을 털어내고 씻어서 물기를 꼭 짠 다음 송송 채 썰어 향신유를 두른 팬에 볶는다.
3 오이는 돌려 깎기해 채 썰어 소금에 살짝 절인 뒤 물기를 꼭 짜서 향신유를 두른 팬에 볶다가 소금과 후춧가루로 간한 뒤 접시에 펼쳐 식힌다.
4 차돌박이는 향신즙과 참기름, 소금, 후춧가루로 재운 뒤 예열된 팬에 향신유를 둘러 살짝 볶는다.
5 잔새우는 향신물에 데친 뒤 껍질째 향신유를 두른 팬에 볶아 소금과 후춧가루로 간하고 껍질을 까서 반을 저민다.
6 볼에 양념장 재료를 넣고 잘 섞는다.
7 냄비에 멸치육수와 향신유, 꽃소금, 1의 쌀을 넣어 밥을 짓고, 뜸 들일 때 그릇에 담아 2~5를 밥에 섞어 양념장을 곁들인다.

겨울

별미

겨울 불청객인 감기 때문에 입맛도 없고 기운도 떨어질 때, 기력 회복과 염증을 다스리는 데 도움을 주는 음식이 바로 밤죽이다. 밤의 고소한 풍미와 담백함이 까슬한 입맛을 살려 주면서 든든함을 준다.

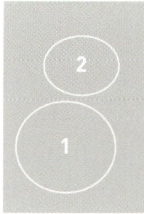

대추밤죽 밥상

1 대추밤죽
2 간편동치미(248쪽 참고)

대추밤죽

재료
밤 5개, 참기름 1방울, 쌀 ¼컵, 물 1½컵,
고명
익힌 밤 1개 분량, 대추채 ½개 분량, 소금 약간

1 밤은 껍질을 깐 뒤 깨끗이 씻어 굽거나 삶는다.
2 1의 익은 밤을 잘라 참기름에 버무린 뒤 믹서에 넣고 밤이 잠길 만큼의 물을 넣어 곱게 간다.
3 쌀은 깨끗이 씻어 40분 정도 불린 뒤 물기를 없애 냄비에 넣고, 정량의 물을 넣어 흰죽처럼 쑨다.
  쌀을 믹서에 넣고 물과 함께 싸라기로 갈아서 끓이면 입자가 없는 고운 죽이 돼요.
4 3의 죽이 90% 정도 완성되면 갈아놓은 2의 밤을 넣어 살짝 더 끓인다.
5 고명으로 쓰는 익은 밤은 가끔 씹힐 수 있게 잘게 썰고, 대추는 돌려 깎아 씨를 제거한 뒤 곱게 채 썬다.
6 4의 죽이 완성되면 먹기 직전에 5의 고명과 소금을 넣어 살짝 더 끓인다.

겨울

별미

동지는 1년 중 밤이 가장 길고 낮이 가장 짧은 날로 액운을 물리치는 팥죽을 먹는다. 동지에 먹는 팥죽의 팥에는 단백질, 칼슘, 철분, 섬유질이 풍부하며 사포닌도 많이 들어 있어 혈관을 튼튼하게 하는 데 도움을 준다. 겨울철 영양을 챙겨줄 팥죽 밥상으로 건강하게 겨울을 나자.

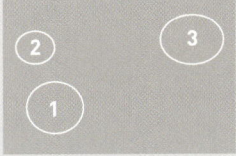

단팥죽 밥상

1 단팥죽
2 나박김치(250쪽 참고)
3 녹두현미견과류떡

단팥죽

재료

팥 2½컵, 물 8컵(7컵+1컵), 녹말가루 1큰술, 찹쌀가루 2큰술, 설탕 ½컵, 소금 ½작은술

경단 찹쌀가루 ⅔컵, 설탕 ½큰술, 소금 약간, 끓는 물 적당히, 잣 1큰술, 녹말가루 1큰술

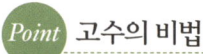 **고수의 비법**

팥죽에 넣을 경단을 은행알만 하게 만들어 속에 잣을 넣고 빚으세요. 팥죽을 먹을 때 씹히는 식감과 고소함이 그만이에요.

1 팥은 깨끗이 씻어 물에 6시간 이상 담갔다가 센 불에 한 번 데친 후 물을 버리고 다시 물을 넣어 푹 삶는다.
팥을 한 번 데쳐 다시 삶는 것은 아린맛을 빼기 위해서예요. 팥은 팥알을 으깨었을 때 쉽게 으스러지거나 물러질 정도로 푹 삶아주세요.

2 1의 팥이 푹 삶아지면 물(7컵)을 섞어 체에 두 번 걸러 껍질을 걸러 버린다.

3 2의 팥 앙금과 팥물에 찹쌀가루, 물(1컵), 설탕, 소금을 넣어 고루 섞은 뒤 한소끔 더 끓인다.
팥죽에 찹쌀가루를 넣으면 팥 앙금이 물과 분리되거나 가라앉지 않아요.

4 준비한 경단 재료는 찹쌀가루에 설탕과 소금을 넣어 고운체에 거른 뒤 끓는 물을 조금씩 넣어가며 익반죽한다.

5 4의 익반죽 덩어리에 잣을 하나씩 넣어 은행알만 한 경단을 알알이 빚는다.

6 5의 경단에 녹말가루를 살짝 입혀서 팔팔 끓는 물에 넣고 떠오르면 건져서 찬물에 헹군다.

7 3의 팥죽을 먹기 직전에 6의 경단을 넣어 살짝 더 끓인다.

녹두현미견과류떡

재료

호두 ½컵, 캐슈너트 ½컵, 호박씨 ¼컵, 해바라기씨 ¼컵, 깐 땅콩 ¼컵, 건포도 4큰술, 잣 2큰술, 집청 2큰술

녹두고물
녹두 3컵, 소금 1작은술
녹두 대신 팥으로 고물을 만들어도 좋아요(팥 3컵, 소금 1작은술).

현미찰떡
현미찹쌀가루 6컵, 메이플시럽 1½큰술, 소금 1작은술

1. 녹두는 깨끗이 씻어 녹두가 잠길 정도로 물을 부어 8시간 불리고 껍질을 제거하여 노란 녹두만 남긴다. 껍질 벗긴 녹두를 2~3번 깨끗이 헹구고 물기를 뺀 후 찜통에서 40분간 찐다.
2. 1의 찐 녹두를 마른 팬에 넣고 소금 1작은술을 넣어 주걱으로 눌러가며 촉촉하게 볶은 뒤 체에 내려 보슬보슬한 녹두고물을 만든다.
3. 볼에 현미찹쌀가루와 메이플시럽, 소금을 넣고 양손으로 비벼서 섞은 뒤 굵은체에 한 번 내리고, 다시 중간체에 한 번 더 내린다.
4. 호두는 캐슈너트 크기로 자르고, 호박씨와 해바라기씨, 깐 땅콩, 건포도, 잣은 분량대로 준비한다.
5. 찜기에 젖은 면포를 깔고 2의 녹두고물을 먼저 깔고, 3의 현미찹쌀가루를 얇게 깐 뒤 4의 견과류를 반쯤 덜어 골고루 깐다. 그 위에 다시 현미찹쌀가루를 얹고 견과류 섞은 것을 뿌린다.
6. 5의 찜기의 뚜껑을 덮은 후 면포를 뚜껑 위로 올려 덮어 중불에서 40분 정도 찐다.
   젓가락이나 꼬지로 내용물을 찔러 떡가루가 묻어나지 않으면 다 익은 거예요.
7. 평평한 접시나 쟁반에 집청을 고루 바르고 6의 다 쪄진 떡을 엎어서 쏟은 뒤 면포를 벗긴 후 집청을 살짝 발라 한 김 식혀 먹기 좋은 크기로 썬다.

5장

특별한 날을 위한 밥상

생일이나 각종 기념일, 가족 모임 등 특별한 날에는 특별한 음식이 필요합니다. 그래야 그날의 의미와 분위기가 한껏 높아지지요. 저는 제 딸들의 생일마다 특별한 상차림을 해주다 보니 딸들보다 그 친구들이 더 우리 딸들의 생일을 기다리기도 했답니다.

아이의 생일에 친구들과 좋은 시간을 보내고 부모의 사랑을 기억할 수 있도록 맛있는 상차림을 해보세요. 부모님의 생신이나 어버이날에 영양과 정성이 가득한 밥상을 차려서 부모님을 기쁘게 해보세요. 모임이 많은 연말에도 외식이 아니라 집에서 특별한 만찬을 기획해보세요. 직접 차린 음식보다 더 감동적인 선물은 없으니까요.

아이들이 한입에 쏙 넣을 수 있는 음식으로 예쁨과 즐거움을 담아내고, 어르신들이 좋아하는 갈치와 무조림으로 고급스러운 멋을 내어보세요. 평소에 먹던 요리라도 모양과 담음새를 달리하면 색다르고 남다르게 느껴집니다. 준비한 사람부터 기쁨을 느끼는 특별한 날의 밥상, 지금부터 시작해볼게요.

아이 생일 밥상

몸도 마음도 바쁜 부모들에게 아이 생일상은 덜컥 겁이 나게 마련이다. 메뉴 구성부터 어렵게 느껴진다. 이럴 때는 단순하게 생각하는 것이 좋다. 아이들이 좋아하는 궁중떡볶이, 떡갈비, 달걀말이밥 등 재미있는 모양의 음식을 만들어 생일상을 차려보자. 아이와 친구들 모두 충분히 좋아할 것이다.

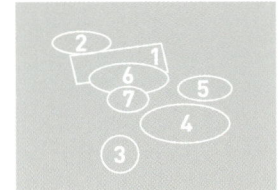

1. 달걀말이밥
2. 닭봉조림
3. 소고기미역국(63쪽 참고)
4. 떡갈비(138쪽 참고)
5. 오이똑똑이(139쪽 참고)
6. 궁중떡볶이(170쪽 참고)
7. 아이깍두기(239쪽 참고)

달걀말이밥

재료
달걀 3개, 오이 30g, 당근 30g, 버섯 30g, 데친 새우 30g, 소금 ⅓작은술, 향신유 넉넉히

밥
멥쌀 2½컵, 찹쌀 ½컵, 다시마 육수 2½컵, 향신유 1큰술, 국간장 1작은술, 소금 ½작은술

고기소양념
삶은 우엉 30g, 다진 소고기 50g, 향신즙 ½큰술, 향신장 3큰술, 포도주 ½큰술, 매실청 ½큰술

달걀양념
향신즙 ½큰술, 소금 약간

1. 멥쌀과 찹쌀을 함께 깨끗이 씻어 30분간 물에 불려 체에 건진 후 나머지 밥 재료와 함께 냄비에 넣고 밥을 짓는다.
2. 오이와 당근, 버섯, 새우는 곱게 다지고 소금을 뿌려 10분간 절였다가 물기가 생기면 살짝 짠 뒤 향신유를 두른 팬에 볶는다.
3. 우엉은 끓는 물에 삶아 곱게 다지고, 고기소양념 재료와 함께 버무려 볶는다.
4. 1의 밥이 뜨거울 때 2의 볶은 채소와 새우, 3의 고기소를 골고루 섞어 한입 크기의 주먹밥을 만든다.
5. 달걀을 깨뜨려 달걀양념 재료와 함께 잘 풀어준 뒤 고운체에 내려 향신유를 두른 팬에 한 숟가락씩 길게 늘어뜨려 익기 전, 4의 주먹밥을 올려 팬 위에서 말아낸다.

닭봉조림

재료
닭봉 1kg, 밀가루 2큰술, 녹말가루 2큰술, 향신유 7~9큰술

고기재움양념
향신즙 2큰술, 매실즙(or 설탕) ½큰술, 향신장 1큰술, 소금·후춧가루 약간씩

조림양념
향신장 3큰술, 고추기름 1큰술, 파인주스 1큰술, 물엿 ½큰술, 참기름 1작은술, 고추장 ½큰술, 설탕 1작은술, 물 2큰술

곁들임
호두 2큰술, 풋고추 2큰술

1. 닭봉은 깨끗이 씻어 고기재움양념에 15~20분간 재운 뒤 체에 밭쳐 물기를 뺀다.
2. 1의 닭봉에 밀가루와 녹말가루를 고르게 묻힌 뒤 향신유를 넉넉히 두른 팬에 튀기듯 굽는다.
3. 호두는 굵직하게 썰고, 풋고추는 반을 갈라 씨를 털어낸 뒤 채 썬다.
4. 냄비에 조림양념 재료를 넣어 섞고, 약불에 올려 살짝 끓어오르면 2의 튀긴 닭봉을 넣어 간이 배도록 뭉근하게 조린다.
5. 4에 3의 곁들임 재료를 넣어 살짝 볶아 마무리한다.

어버이날 밥상

집안 어른들을 모셔야 하는 기념일이 다가오면 마음이 조급해지게 마련이다. 당황하지 말고, 자신 있게 잘할 수 있는 밑반찬에 특별한 일품요리를 준비해보자. 구이로만 먹던 갈치를 달콤하고 짭조름한 조림으로 만들고, 나물로 먹던 가지를 튀김 요리로 변주해 상에 올리면 어른들의 입맛을 사로잡기에 충분하다.

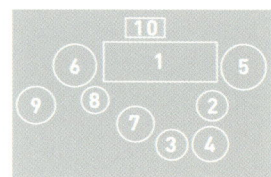

1 갈치구이무조림
2 가지튀김무침
3 잡곡밥(21쪽 참고)
4 조개쑥국(69쪽 참고)
5 돼지고기구이(68쪽 참고)
6 취나물들깨볶음(69쪽 참고)
7 마늘장아찌(259쪽 참고)
8 오이똑똑이(139쪽 참고)
9 도라지나물(156쪽 참고)
10 명란젓

가지튀김무침

재료
가지 1개, 잔새우 5마리,
향신즙 ½큰술, 포도주 1작은술,
녹말가루 3큰술, 소금·후춧가루
약간, 튀김유 넉넉히

양념
향신장 1큰술, 향신즙 ½큰술,
멸치육수 ½큰술, 들기름 ½큰술,
고추기름 1작은술

고명
청고추채·홍고추채·통깨
⅓큰술씩

1 가지는 손가락 굵기와 길이로 썰어 소금, 후춧가루에 살짝 재워 물기를 제거한 후 녹말가루에 묻혀 살짝 튀긴다.

2 새우는 껍질을 벗기고 향신즙과 포도주에 10분간 재운 뒤 녹말가루를 고르게 살짝 묻혀 튀긴다.

3 양념 재료를 팬에 넣고 끓기 시작하면 튀긴 1의 가지와 2의 새우를 넣고 살짝 조린 후 고명을 넣어 마무리한다.

갈치구이무조림

재료

갈치(중) 1마리, 녹말가루 2큰술,
향신유 4큰술, 풋고추 1개,
홍고추 1개, 황란지단채 약간

밑간양념

향신즙 2큰술, 소금·후춧가루
약간씩, 포도주 1작은술, 참기름
1방울

조림양념

고춧가루 ½큰술, 고추장 ½큰술,
멸치육수 3큰술, 향신즙 1큰술,
참기름 1작은술, 향신장 1½큰술

무양념

무 150g, 멸치육수 1컵, 고운소금
약간, 향신즙 ½큰술

1 갈치는 내장을 빼고 비늘을 긁어서 깨끗이 씻은 다음 7cm 정도 크기로 토막 낸다.
2 밑간양념 재료를 섞어 1의 손질한 갈치에 넣고 30분 정도 재운 뒤 갈치에 녹말가루를 살짝 묻혀 향신유를 두른 팬에 살짝 튀기듯 굽는다.
   녹말가루를 묻힐 때 녹말가루가 잘 흡수되도록 잘 두드려주세요.
3 볼에 조림양념 재료를 넣어 고루 섞는다.
4 무는 7mm 정도 두께로 썰어 무양념 재료에 무가 투명해질 정도로 삶은 뒤 조림양념의 절반 분량으로 무를 조린다.
5 씨를 털어 낸 풋고추, 홍고추는 어슷 썬다.
6 냄비에 2의 구운 갈치를 넣고 남은 조림양념으로 조린 후, 4의 무를 접시에 깔고 그 위에 조린 갈치를 한 토막씩 올린다.
7 5의 홍고추, 풋고추를 향신유에 살짝 볶아 황란지단채와 함께 6의 갈치 위에 고명으로 올린다.

2부 5장_특별한 날을 위한 밥상

크리스마스 뷔페

연말 분위기는 크리스마스가 되면 절정에 이른다. 연말 모임에 한 번쯤 솜씨를 발휘해 친구들을 초대해보자. 번거롭게 할 필요 없이 멋지게 뷔페식으로 차려낸다면 더할 나위 없이 만족스러운 모임이 될 것이다. 크리스마스의 특별한 기억은 덤이다.

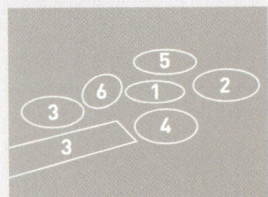

1 대하냉채
2 잡채
3 소고기찹쌀구이와 오이겉절이
4 갖은월과채
5 주꾸미볶음(64쪽 참고)
6 맑은홍백김치(249쪽 참고)

대하냉채

재료
대하 5마리, 배 ¼개, 향신물 3컵,
단촛물 3컵, 향신유 ½큰술,
포도주 1큰술,
고운소금 · 후춧가루 약간씩

오이볶음
오이 ½개, 꽃소금 ½작은술,
향신유 1큰술, 향신즙 1½큰술,
꽃소금 · 후춧가루 약간씩

무침양념
잣 ⅓컵, 겨자초장 1큰술, 설탕
½작은술, 마요네즈 ½큰술, 다진
마늘 1작은술, 향신장 1방울, 식초
2방울, 꽃소금 · 후춧가루 약간씩

1 대하는 머리를 떼고 등 쪽에 꼬지를 넣어 내장을 뺀 뒤 끓는 향신물에 데친다.
2 향신유를 두른 팬에 1의 대하를 넣고, 포도주와 고운소금, 후춧가루를 넣어 볶아 속까지 익힌다. 대하가 익으면 적당히 식혀 껍질을 벗기고 반으로 썬다.
3 오이는 길이로 반을 잘라 작은 숟가락으로 씨를 긁어내고, 어슷하게 썰어 꽃소금(½작은술)에 10분간 절였다가 물기를 꼭 짠다. 배는 오이 크기로 썰어 단촛물에 담갔다가 건져 물기를 뺀다.
4 팬에 향신유를 두르고 3의 오이를 오이볶음 재료 중 향신즙, 꽃소금, 후춧가루로 간하여 센 불에 재빨리 볶아 접시에 펼쳐 식힌다.
5 잣은 고깔을 떼 내고 거즈로 닦아 절구에 빻은 뒤 무침양념 재료와 섞는다.
6 5의 소스를 절반으로 나눠 2의 대하와 4의 오이, 배를 각각 무친 뒤 대하와 오이, 배를 섞어 접시에 담는다.

잡채

재료

당면 200g, 표고버섯 60g, 소고기 60g, 오이 ½개, 잔새우 100g, 시금치 50g, 풋고추 ½개, 홍고추 ½개, 대파(흰부분) 1뿌리, 향신즙 2큰술, 향신유 4큰술, 향신장 1큰술, 소금 약간, 참기름 1큰술, 통깨 1큰술

새우양념

향신즙 2큰술, 포도주 약간, 소금·후춧가루 약간씩

잡채양념

향신장 4큰술, 참기름 2작은술, 설탕 1작은술, 매실즙 1작은술, 다진 파 1큰술, 통깨 약간

1. 당면은 물에 담가 30분 정도 불린 후 끓는 물에 4분 정도 삶아서 체에 건져 물기를 뺀 후 향신유(1큰술)로 버무린다.
2. 표고버섯과 소고기는 곱게 채 썰어 향신즙에 20분간 재운 후 향신장에 20분간 더 재운다.
3. 오이는 6cm 길이로 잘라 껍질부터 돌려 깎기해 곱게 채 썰고 소금에 5분 정도 살짝 절였다가 물기를 꼭 짠다.
4. 새우는 껍질째 끓는 물에 살짝 데쳤다가 새우양념에 20분 정도 재운다.
5. 시금치는 끓는 소금물에 살짝 데친 후 찬물에 헹구고 물기를 짠다.
6. 고추는 씨를 빼서 채 썰고, 대파는 6~7cm 길이로 잘라 속대를 빼고 채 썬다.
7. 달군 팬에 향신유를 1작은술씩 나눠 두르고 3의 오이, 5의 시금치, 6의 고추와 대파를 각각 소금으로 간해서 살짝 볶아 바로 식힌다.
8. 달군 팬에 향신유를 살짝 두르고 2의 표고버섯과 소고기, 새우도 각각 볶는다.
9. 1의 당면을 적당하게 잘라 볼에 넣고 잡채양념으로 간을 맞춰 버무린다.
10. 9의 당면에 간이 배면 8의 표고버섯과 소고기, 새우, 7의 채소를 함께 넣어 잘 버무린다.
11. 10에 참기름과 통깨를 넣어 고루 버무려 그릇에 담는다.

소고기찹쌀구이와 오이겉절이

재료

소고기찹쌀구이 재료
소고기(육전용) 300g,
파프리카(청, 홍, 황색) ⅓개,
밀가루 4큰술, 달걀 ½개,
찹쌀가루 2컵, 향신유 넉넉히

고기양념
진간장 1큰술, 설탕 1작은술, 청주
1작은술, 들기름 ½큰술, 참기름
⅓작은술, 소금·후춧가루
약간씩

오이겉절이 재료
오이 1½개, 꽃소금 1작은술, 더덕
5뿌리, 밤 2개, 배 ⅙개, 파채
약간, 단촛물 1컵 분량

겉절이양념
고춧가루 2큰술, 진간장 1작은술,
까나리액젓 1큰술, 설탕 1작은술,
다진 파 1큰술, 다진 마늘 ½큰술

1. 소고기는 핏물을 닦아낸 뒤 고기양념 재료에 20분간 재운다.
2. 파프리카는 사방 0.5cm로 잘게 다지고 물기를 제거해 찹쌀가루와 밀가루에 잘 섞어놓고, 달걀을 풀어 달걀물을 만든다.
3. 1의 고기에 밀가루를 살짝 묻혀 달걀물을 입힌 후, 2의 파프리카를 넣은 찹쌀가루와 밀가루에 적당히 묻혀 향신유를 두른 팬에 노릇하게 굽는다.

1. 오이는 길이로 반을 잘라 씨를 파낸 뒤 얇게 어슷 썰어 꽃소금에 10분간 절여 물기가 생기면 손으로 꼭 짜서 물기를 없앤다.
2. 더덕과 밤, 배도 껍질을 벗겨 오이와 비슷한 크기로 어슷 썰어 단촛물에 담갔다 빼고, 파는 곱게 채 썬다.
3. 볼에 겉절이양념 재료를 넣어 고루 섞어 1의 오이와 2의 더덕, 밤, 배, 파채를 넣어 고루 버무린다.

갖은월과채

재료
호박 150g, 전복 1마리, 새우 70g, 새우젓 ½큰술, 참기름 1작은술, 향신유 1큰술

찰전병
밀가루 ¼컵, 찹쌀가루 ½컵, 참기름 1작은술, 끓는 물 3큰술, 향신유 약간, 소금 약간

양념
채소육수 3큰술, 국간장 1작은술, 설탕 ⅓작은술, 새우젓 ⅓작은술, 참기름 1작은술, 소금·후춧가루 약간씩, 녹말가루 약간

고명
대추 3개, 호두 1큰술, 잣가루 1큰술,

1. 호박은 길이로 반을 잘라 속을 살짝 도려내고(생략 가능) 0.5cm 두께의 반달 모양으로 썬다.
2. 전복과 새우는 껍질과 내장을 제거해 깨끗이 씻고, 호박과 같은 너비로 저미며 새우젓과 참기름에 10분간 재운 뒤 향신유를 두른 팬에 살짝 볶는다.
3. 볼에 밀가루와 찹쌀가루, 참기름, 소금을 넣어 고루 섞은 뒤 체에 내려 끓는 물을 조금씩 넣으며 익반죽한다.
4. 3의 익반죽한 반죽을 둥글고 납작하게 빚어 향신유를 두른 팬에 바삭하게 구운 뒤 반으로 썬다.
5. 양념 재료에서 호두는 굵게 다지고, 대추는 돌려 깎아 씨를 제거한 뒤 채 썬다.
6. 팬에 양념 재료를 넣어 고루 섞어서 호박과 전복, 새우, 찰전병을 넣고 고루 볶다가 녹말가루를 살짝 넣어 재료들이 서로 엉기게 고루 버무린다.
7. 6의 재료가 잘 볶아지면 5의 호두와 대추, 잣가루를 넣고 다시 살짝 볶아서 그릇에 담는다.

피크닉 도시락

소풍 가기 좋은 날, 막상 도시락을 준비하자니 귀찮고 번거롭다. 거창하게 생각할 필요 없다. 집에서 먹던 반찬을 잘 담고, 오곡밥과 아이들이 좋아하는 달걀말이밥 하나만 추가해도 근사한 도시락을 만들 수 있다. 밖에서 먹으면 그 맛과 향도 달라지게 마련이니 걱정하지 말고 집밥을 기본으로 하는 도시락을 준비해보자.

도시락 밥상

1 오곡밥(22쪽 참고)
2 콩자반(61쪽 참고)
3 차돌박이와 꽈리고추 푹조림(106쪽 참고)
4 장조림(188쪽 참고)
5 무말랭이겉절이(231쪽 참고)
6 깻잎장아찌(258쪽 참고)
7 달걀말이밥(212쪽 참고)

3

좀 더 욕심내 보는 우리 발효음식

1장

밥상의 천연 유산균 김치

우리 밥상에서 밥 다음으로 많이 오르는 것을 꼽으라면 뭐니 뭐니 해도 김치일 것입니다. 조상들의 지혜가 담긴 전통 저장 식품인 김치는 유산균과 섬유질, 비타민이 풍부해 장 건강에도 좋고 면역력 증진에도 도움이 됩니다. 우리 선조들은 김치를 담글 때 생선 절임이며 고기를 넣어 겨울철에 부족할 수 있는 단백질을 보충하는 데도 신경 썼습니다. 그만큼 김치는 영양소를 고루 섭취할 수 있는 종합 식품인 것이지요.

입맛이 없는 여름날 시원한 김치에 말은 국수나 추운 겨울날 뜨거운 물에 밥을 말아 배추김치를 쭉 찢어 올려먹으면 그렇게 좋을 수가 없지요. 다른 반찬 없이도 맛있는 김치 한 접시면 밥 한 그릇 뚝딱 비우는 건 일도 아닙니다. 저 역시 어릴 때 어머니가 해주신 김치가 세상에서 제일 맛있었습니다.

이렇게 우리 밥상에서 꼭 필요한 김치. 하지만 막상 김치를 담그려면 손도 많이 가고 어디서 무엇부터 해야 할지 막막하기도 하지요. 그래서 준비했습니다. 시원하고 깊은 맛을 내는 김치 만드는 법. 하나하나 따라 하다 보면 어느덧 다양한 김치를 밥상에 올릴 수 있을 겁니다.

겉절이

배추겉절이

재료

알배기배추 1포기(500g), 오이 5cm,
통깨 약간

봄동이나 얼갈이로도 담을 수 있어요.

1차절임양념 굵은소금 2큰술, 설탕
1작은술, 향신즙 1큰술

2차절임양념 향신즙 2큰술, 설탕
1작은술, 까나리액젓 1작은술

겉절이양념 배즙 2큰술, 찹쌀풀
2~3큰술, 고춧가루 2~3큰술, 다진
마늘 1큰술, 까나리액젓 2큰술, 향신장
1작은술, 통깨 1작은술

곁들임 배 ⅛개, 밤 1개, 홍고추 ½개,
실부추 약간, 꽃소금 약간, 설탕 약간,
향신즙 약간

겉절이의 식감을 위해 더덕을 넣어보세요.

1 배추는 한 잎씩 떼어 씻어 1차절임양념에 30분간 절인 후 숨이 죽으면 흐르는 물에 씻어 길이로 쭉쭉 찢는다.

2 오이는 길이로 반을 잘라 어슷하게 썰고, 1의 배추와 섞어 2차절임양념에 40분쯤 절였다가 물기를 뺀다.

3 그릇에 겉절이양념 재료를 넣어 고루 섞어 고춧가루가 충분히 불려지게 20~30분간 둔다.

4 배는 씨 부분을 도려낸 후 얇게 썰고, 밤도 얇게 썬다. 홍고추는 반을 갈라 씨를 털어내 채 썰고, 실부추는 씻어 5cm 길이로 자른다. 손질한 배와 밤, 홍고추, 실부추에 소금, 설탕, 향신즙을 약간씩만 넣어 10분간 절였다가 물기를 뺀다.

5 큰 볼에 2의 배추와 오이, 4의 곁들임 재료를 넣고 3의 겉절이양념을 넣어 고루 버무린 뒤 통깨를 뿌린다.

무말랭이겉절이

재료

무말랭이 50g, 물 1컵, 물엿 1큰술, 파채 1작은술, 풋고추채 ¼큰술, 홍고추채 ¼큰술, 통깨 ½작은술

겉절이양념

고춧가루 1작은술, 찹쌀풀 ½~1작은술, 배즙 ½작은술, 다진 마늘 ½작은술, 까나리 액젓 ¼작은술, 향신장 ½작은술, 소금 약간

1. 무말랭이를 물로 주물러 씻어 물 1컵을 붓고 약간 부드러워질 정도로 불린다.
2. 1의 불린 무말랭이의 물기를 손으로 꼭 짜서 물엿으로 무쳐 5분 정도 재운다.
3. 파는 곱게 채 썰고, 풋고추와 홍고추는 반으로 갈라 씨를 털어낸 뒤 짧고 곱게 채 썬다.
4. 겉절이양념 재료를 한데 넣고 고루 섞어 고춧가루가 충분히 불려지게 둔다.
5. 2의 물엿으로 밑간한 무말랭이에 3의 파채, 고추채, 통깨를 넣어 섞고, 4의 겉절이양념을 넣어 간이 잘 배게 조물조물 무친다.

김치

배추김치

재료
배추 2kg(1포기), 무 400g

1차절임양념
물 3컵, 굵은소금 ½컵+3~5큰술

2차절임양념
향신즙 2큰술, 설탕 ½큰술, 꽃소금 ½큰술

무채절임양념
설탕·소금 약간

김치양념
찹쌀풀 5큰술, 고춧가루 ⅔컵, 까나리액젓 ⅓컵, 새우젓 ¼큰술,
다진 마늘 2큰술, 다진 생강 ½큰술, 배즙 ½컵, 양파즙 ½컵,
무즙 ½컵, 설탕 ½~1큰술, 꽃소금 ½~1큰술

1 배추는 4등분해서 1차절임양념에 줄기 쪽을 먼저 담갔다가 절임양념이 약간 싱거워지면 잎까지 담가 절인다. 이때 굵은소금 3~5큰술을 줄기 쪽에 뿌려 절인다.(사진1_1차절임)

2 1의 배추를 3시간 정도 절인 후 배추를 뒤집어 다시 3시간 더 절여(여름에는 6시간, 겨울에는 8~10시간) 흐르는 물에 3번 정도 씻어 채반에 건져 물기를 뺀다.

3 볼에 2차절임양념 재료를 넣어 고루 섞는다.

4 3의 절임양념을 2의 배추 줄기에 발라(사진2_2차절임) 자른 단면이 아래로 향하게 해서 30분 정도 두었다가 다시 채반에 건져 물기를 뺀다.

5 찹쌀가루를 물에 풀어서 냄비에 넣고 찹쌀풀이 투명해질때까지 끓여 미지근하게 식힌다. 여기에 양파즙과 무즙을 넣고 잘 개어 고춧가루를 충분히 불린 후 나머지 재료를 넣고 고루 섞어 김치양념을 만든다.

6 무는 껍질을 벗겨 곱게 채 썬 후 무채절임양념에 살짝 절여 체에 밭쳐 5의 김치양념과 버무린다.

7 4의 배춧잎 사이사이에 6의 김치양념을 줄기 쪽으로 밀어넣고 잎 쪽으로는 살짝 발라 겉잎 한 장으로 잘 감싸 아물린다.(사진3_김치양념 넣기)

8 양념을 넣은 배추는 단면이 위로 향하게 항아리(or 김치통)에 담고 굵은소금을 약간 뿌리쪽에 뿌린 후 가볍게 눌러 배추 사이사이에 들어 있는 공기를 빼준다.

9 8을 실온에서 1~3일 정도 익힌 후 냉장고에 넣어 익혀야 군내가 나지 않는다.
봄·가을은 2일, 여름은 1일, 겨울은 3일 정도 실온에서 익힌 뒤 냉장 보관하세요. 하루 동안 숙성시킨 김치에 무즙(소금으로 간함)을 넣어주면 시원하고 톡 쏘는 맛이 나요.

열무김치

재료

열무 1kg(1단), 밤 2개,
홍고추채 1큰술

1차절임양념

굵은소금 3큰술

2차절임양념

향신즙 2큰술, 설탕 ½큰술,
꽃소금 ½큰술

김치양념

찹쌀풀 ½컵, 고춧가루 ⅓~
½컵, 향신즙 3큰술, 배 ½개,
양파 1개, 무 100g, 홍고추
15개, 생강(큰 것) 1쪽,
마늘 10쪽, 설탕 1작은술,
꽃소금 2큰술

1. 열무는 줄기가 억세지 않은 것으로 골라 7cm 길이로 썰어 물에 담가 흔들어 살살 씻는다. 열무는 잎이 으깨지면 풋내가 나므로 살살 씻는다.

2. 1의 열무에 굵은소금을 뿌려 40~60분 정도 절인다(1차절임). 열무가 살짝 처지는 정도로 절여지면 다시 물에 헹구고 채반에 건져 물기를 뺀다.

3. 2차절임양념 재료를 섞어 2의 열무를 30분간 재웠다가 물기를 뺀다.

4. 김치양념 재료의 배와 양파, 무는 강판에 갈아 즙을 낸 뒤 면포로 꼭 짠다. 이 즙 일부와 찹쌀풀, 향신즙을 고루 섞고 고춧가루를 넣어 충분히 불린다.

5. 김치양념 재료의 홍고추는 길이로 반을 잘라 씨를 털어낸 뒤 적당한 크기로 썰어 믹서에 넣고, 생강과 마늘, 4의 나머지 즙도 믹서에 넣어 곱게 갈아 볼에 담는다. 여기에 4의 고춧가루양념을 넣고 고루 섞는다. 그리고 꽃소금을 넣어 간을 한다.
    열무로 김치를 담을 때는 액젓을 절대 사용하지 않아요. 열무 자체가 연하기 때문에 단백질과 지방을 넣으면 김치가 삶은 것처럼 처지고 맛이 씁쓸해진답니다. 젓갈 없이 담은 여름김치는 샐러드처럼 신선하게 먹기에 좋아요.

6. 밤은 속껍질을 벗기고 둥근 모양대로 편 썰고, 홍고추는 반으로 잘라 씨를 빼서 짧고 곱게 채 썬다. 5의 김치양념에 밤과 홍고추를 넣어 함께 버무려 3의 열무에 넣고 살살 버무린다.
    열무를 버무릴 때는 살살 버무려야 풋내가 나지 않아요. 씻을 때와 절일 때, 양념에 버무릴 때 주의하세요.

7. 6을 김치통에 담아 실온에서 살짝 익힌 뒤 냉장 보관하여 이틀 뒤에 먹는다.
    한여름에는 3~4시간, 봄·여름은 6시간, 가을은 24시간, 겨울은 2일 정도 실온에서 익힌 후 냉장 보관하세요.

고들빼기김치

재료

고들빼기 1kg

1차절임양념

물 3컵, 굵은소금 ¼컵

2차절임양념

향신즙 2큰술, 설탕 ⅔큰술, 꽃소금 1작은술

김치양념

찹쌀풀 ⅓컵, 고춧가루 ½컵, 까나리액젓 ⅓컵, 향신즙 3큰술, 다진 마늘 2큰술, 다진 생강 ½큰술, 배즙 1½큰술, 양파즙 1½큰술, 무즙 1½큰술, 설탕 ½~1큰술, 꽃소금 ½~1큰술

1. 고들빼기는 잔뿌리와 떡잎을 다듬고 뿌리와 줄기가 붙어 있는 부분을 다듬어 4번 정도 물에 흔들어 씻는다.
2. 1의 고들빼기를 1차절임양념에 2시간 정도 담가 절인 뒤 뒤집어서 30분간 더 절여 쓴맛이 빠지도록 흐르는 물에 씻고 채반에 건져 물기를 뺀다.
3. 2차절임양념 재료를 한데 넣고 섞어 2의 고들빼기를 넣고 30분 정도 재운 후 채반에 건져 자연스럽게 물기를 뺀다.
4. 김치양념 재료에서 먼저 향신즙과 배, 무, 양파즙을 섞고 여기에 고춧가루를 넣어 충분히 불린 다음 나머지 양념을 넣어 고루 섞는다.
5. 3의 고들빼기에 4의 김치양념이 고루 묻도록 버무려 한 끼 먹을 분량만큼 모아 만든다.
6. 5를 김치통에 꾹꾹 눌러 담아 실온에서 익힌 후 냉장 보관한다.

봄·가을은 2일, 여름은 1일, 겨울은 3일 정도 실온에서 익힌 후 냉장 보관하세요.

부추김치

재료

부추 1단, 굵은소금 3큰술

1차절임양념

물 1컵, 굵은소금 2큰술

2차절임양념

향신즙 2큰술, 설탕 1작은술, 꽃소금 1작은술

김치양념

무즙 ⅓컵, 배즙 ¼컵, 양파즙 (작은 것) 1개 분량, 고춧가루 ⅓~½컵, 홍고추 1개, 밤 3개, 까나리액젓 ¼컵, 다진 마늘 2큰술, 다진 생강 ½큰술, 설탕 1작은술, 꽃소금 ½큰술

1 부추는 밑동을 살짝 잘라내고 다듬어 줄기를 손으로 훑어내려 모래를 털어낸다. 조심스럽게 씻은 후 물기를 뺀다.

2 1의 부추에 굵은소금을 켜켜이 뿌려 30분 정도 절여(1차절임) 부추의 숨이 살짝 죽으면 한 번 씻은 후 물기를 뺀다.

3 2차절임양념 재료를 한데 넣어 고루 섞은 후 2의 부추를 넣고 고루 버무려 다시 30~40분 정도 재운 뒤 채반에 건져 물기를 뺀다.

4 김치양념 재료에서 무즙, 배즙, 양파즙에 고춧가루를 버무려 불려놓고, 홍고추는 반을 잘라 씨를 털어낸 뒤 곱게 채 썬다. 밤은 껍질을 벗겨 얇게 저민다.

5 4의 고춧가루가 불면 나머지 김치양념 재료를 넣어 고루 섞는다.

6 3의 부추를 가지런히 펼쳐놓고 5의 김치양념을 골고루 바른 뒤 한 끼 먹을 분량의 부추를 모아 만다.

7 6을 김치통에 가지런히 담고 실온에서 하루 정도 익힌 후 냉장 보관한다.

총각김치

재료

총각무 1.5kg

1차절임양념 물 1컵, 굵은소금 ⅓컵+1큰술

2차절임양념 향신즙 2큰술, 설탕 1큰술, 꽃소금 ½큰술

김치양념 찹쌀풀 ⅓컵, 고춧가루 ½~⅔컵, 까나리액젓 ⅓컵, 배즙 ¼컵, 양파즙 ¼컵, 다진 마늘 4큰술, 다진 생강 1큰술, 꽃소금 2큰술

총각무의 잎과 무 사이의 연결 부분에 지저분한 부분은 칼로 살짝 도려내 다듬어야 해요.

1. 총각무의 뿌리를 잘라낸 뒤 칼등으로 껍질을 긁어내고 줄기 연결 부분의 검은 부분도 긁어낸 후 물에 담가 흔들어 3번 정도 씻는다(사진).

2. 1의 총각무를 소금물에 담그고 줄기에는 굵은소금을 뿌린다. 1시간 후에 뒤집어 다시 1시간 정도 더 절인다(1차절임).

3. 2의 총각무가 절여지면 물에 2~3번 헹구고 채반에 건져 물기를 뺀다.

4. 볼에 2차절임양념 재료를 넣고, 3의 물기 뺀 총각무를 넣어 30분간 재웠다가 채반에 건져 자연스럽게 물기를 뺀다.

5. 찹쌀풀과 배즙에 고춧가루를 넣고 잘 섞어 충분히 불린 후 나머지 김치양념 재료를 함께 넣어 고루 섞는다.

6. 5의 김치양념 재료에 4의 총각무를 넣고 버무린다.

7. 김치통에 양념한 총각무를 눌러 담고 실온에서 24시간 익힌 후 냉장 보관한다.
총각무는 빨리 익지 않기 때문에 일반적으로 24시간, 겨울에는 2일 정도 실온에서 익힌 후 냉장 보관하면 돼요.

깍두기

재료

무 2.5kg(2개), 갓 1~2포기

절임양념

향신즙 3큰술, 설탕 1큰술,
꽃소금 1½큰술

김치양념

고춧가루 ¾컵, 찹쌀풀 3큰술,
배즙 ⅓컵, 양파즙 ⅓컵, 까나
리액젓 ⅓컵, 새우젓 2큰술,
다진 마늘 3~4큰술, 다진
생강 1큰술, 설탕 ½큰술,
꽃소금 2큰술

1 무는 표면이 매끈한 중간 크기의 묵직한 것으로 골라 수세미로 겉을 문질러 씻어 흙과 잔뿌리를 자연스럽게 제거한다.

2 무는 사방 2cm 크기로 깍둑썰기 하고, 갓은 깨끗한 물에 씻은 후 2cm 길이로 썬다.

3 볼에 절임양념 재료를 넣고 2의 무를 담아 고루 버무려 40분간 재우고 무에서 물이 나오면 채반에 건져 물기를 완전히 뺀다.

4 볼에 김치양념 재료를 넣고 섞은 후 3의 무와 갓을 넣어 버무린다.
   깍두기에 갓을 넣으면 갓이 익으면서 내는 알싸한 맛 때문에 더 시원한 맛이 나요.

5 4의 깍두기를 김치통에 꾹꾹 눌러 담아 실온에서 익힌 후 냉장 보관한다.
   봄·가을 2일, 여름 1일, 겨울 3일 정도 실온에서 익힌 후 냉장 보관하세요.

아이 깍두기

재료

무 1개(1kg), 까나리액젓 1큰술, 찹쌀풀 ⅓컵

절임양념

설탕 1큰술, 꽃소금 1½큰술,

김치양념

빨강파프리카 ½개, 고운 고춧가루 1큰술, 다진 마늘 1큰술, 다진 생강 1작은술, 멸치육수 1컵, 무·배·양파즙 1컵, 물 ½컵, 꽃소금 ½작은술

1. 무는 껍질을 벗겨 사방 1cm 크기로 깍둑썰기 한다.
2. 볼에 절임양념 재료를 넣고 섞은 후 1의 깍둑 썬 무를 넣고 버무려 2시간 절이고, 체에 건져 물기를 뺀다.
3. 믹서에 김치양념 재료 중 파프리카, 고춧가루, 다진 마늘, 다진 생강을 넣어 곱게 갈아서 면포에 걸러 즙만 따로 거른다.
4. 멸치육수에 물, 무·배·양파즙을 넣고 소금으로 간한 뒤 3의 즙을 넣어 고루 섞어 6시간 냉장 숙성한다.
5. 2의 절인 무에 까나리액젓, 찹쌀풀을 섞어 6시간 실온 숙성한다.
6. 4의 숙성한 양념과 5의 숙성한 무를 고루 섞어 버무려 하루 정도 실온 숙성 한 뒤 냉장 보관해서 먹는다.

섞박지

재료
무 2.5kg(2개), 굴 100g,
꽃소금 1큰술
굴은 겨울에만 넣으세요.

절임양념
향신즙 2큰술, 설탕 1큰술,
꽃소금 2큰술

김치양념 ❶
찹쌀풀 ½컵, 굵은 고춧가루 1컵,
까나리액젓 ⅔컵, 다진 마늘
4~5큰술, 다진 생강 ½큰술,
설탕 ½큰술, 소금 1큰술

김치양념 ❷
배즙 ½컵, 양파즙 ½컵, 무즙 약간

1. 무는 표면이 매끈한 중간 크기의 묵직한 것으로 골라 수세미로 문질러 표면의 흙과 잔뿌리를 자연스럽게 제거하고 깨끗이 씻는다.

2. 1의 무를 큼직하게 깍둑썰기 하고, 굴은 흐르는 물에 깨끗이 씻어 물기를 없앤 뒤 소금을 뿌려 재운다.

3. 볼에 절임양념 재료를 넣고 섞은 뒤 2의 무와 고루 버무려 40분간 재운다. 무에서 물이 나오면 채반에 건져 물기를 완전히 뺀다.

4. 김치양념 ❶ 재료를 한데 넣어 고루 섞은 뒤 30분간 그대로 두고 고춧가루가 완전히 불려지면, 김치양념 ❷ 재료를 넣고 매끈하게 버무린다.

5. 4의 김치양념에 3의 무를 고루 버무려 담기 직전에 굴을 넣고 살살 버무려 김치통에 담아 2일 정도 실온에 둔 뒤 냉장 보관한다.
늙은호박(600g)의 껍질을 벗겨 무와 같은 크기로 썰고 절인 뒤, 물기를 제거하여 섞박지양념에 함께 버무려 먹어도 좋아요.

갓김치

재료

갓 1kg

1차절임양념
물 ⅓컵, 굵은소금 ⅓컵+1큰술

2차절임양념
향신즙 3큰술, 설탕 ½큰술,
꽃소금 1큰술

김치양념
찹쌀풀 ⅓컵, 고춧가루 ½컵,
까나리액젓 ⅓컵, 멸치젓
(or 조기젓) 3큰술, 배즙 ¼컵,
양파즙 ¼컵, 다진 마늘 4큰술,
다진 생강 1큰술, 꽃소금 1큰술

1. 갓의 줄기 앞부분을 다듬어서 깨끗하게 씻는다.
2. 1의 갓을 소금물에 담그고 갓의 줄기 쪽엔 굵은소금을 뿌려 절인다(1차절임). 2시간 정도 절인 후 물에 헹구고 채반에 건져 물기를 뺀다.
3. 볼에 2차 절임양념 재료를 넣고 섞어 2의 갓을 넣어 고루 버무린 뒤 30분간 재웠다가 채반에 건져 자연스럽게 물기를 뺀다.
4. 김치양념 재료에서 찹쌀풀에 고춧가루를 넣어 잘 섞어 충분히 불린 후 나머지 김치양념 재료를 함께 넣어 고루 섞어 10분간 둔다.
5. 4의 김치양념 재료를 3의 갓에 넣어 버무린다.
6. 김치통에 5의 갓김치를 손으로 꾹꾹 눌러 담고 실온에서 2~3일 정도 익힌 후 냉장 보관한다.
   갓김치는 쉽게 쉬지 않으므로 실온에서 2~3일(여름에는 12시간) 정도 익혀주세요.

오이김치

재료

백오이 2kg(10개), 굵은소금 약간

1차절임양념

물 ½컵, 굵은소금 ⅓컵

2차절임양념

향신즙 3큰술, 꽃소금 ½큰술, 설탕 ½큰술

김치양념

실부추 100g, 무 50g, 밤 3개, 홍고추 2개, 찹쌀풀 3~4큰술, 고춧가루 ½컵, 무즙 ¼컵, 배즙 2큰술, 양파즙 2큰술, 다진 마늘 2~3큰술, 다진 생강 ½큰술, 까나리액젓 ⅓컵, 설탕 ½큰술, 꽃소금 ⅓~½큰술

1. 백오이를 굵은소금을 뿌려 비벼가며 씻고 물에 헹군 뒤 7cm 길이로 자른다.
2. 칼끝을 똑바로 세워 1의 오이의 몸통에 깊게 칼집을 넣는다. 오이의 끝부분의 1cm 정도는 남겨서 오이가 쪼개지지 않도록 하고 90도 방향으로 돌려 다시 칼집을 깊게 넣어 칼집이 열십자 모양이 되게 한다.
3. 2의 칼집 넣은 오이를 소금물에 절여 4시간 후에 한 번 뒤집어 2시간 더 절인(1차절임) 후 물에 헹구고 채반에 건져 물기를 뺀다.
4. 2차절임양념 재료를 섞어서 3의 오이를 넣어 1시간 정도 재운다. 재우는 동안 돌이나 무거운 그릇으로 오이를 눌러두면 칼집 사이가 벌어져 소를 넣기 쉬워져요.
5. 4의 오이에서 물이 빠져 숨이 죽으면 채반에서 자연스럽게 물기를 뺀다.
6. 부추는 다듬어 2cm 길이로 자르고 무도 2cm 길이로 가늘게 채 썬다. 밤은 껍질을 벗겨 가늘게 채 썰고, 홍고추는 씨를 털어낸 뒤 곱게 채 썬다.
7. 김치양념 재료에서 찹쌀풀과 고춧가루, 무즙, 배즙, 양파즙을 한데 넣어 버무렸다가 고춧가루가 충분히 불으면 마늘, 생강, 액젓, 설탕을 넣고 섞어서 꽃소금으로 간을 맞춘다.
8. 6의 부추와 무, 밤, 홍고추를 7의 김치양념에 버무려 5의 절인 오이의 칼집 사이에 채워 넣는다.
9. 김치통에 8을 눌러 담고 실온에서 2일 정도 익혀 냉장 보관한다. 여름에는 1일 정도 실온에서 익히면 알맞아요.

가지소박이

재료

가지 5개

1차절임양념
물 ½컵, 굵은소금 1큰술

2차절임양념
향신즙 1큰술, 설탕 1큰술, 꽃소금 ½큰술, 까나리액젓 1큰술

김치양념
실부추 50g, 무 30g, 밤 2개, 홍고추 1개, 고춧가루 3~4큰술, 다진 마늘 1큰술, 다진 생강 1작은술, 잣 ½작은술, 꽃소금 약간

김치국물
무즙 3큰술, 양파즙 3큰술, 꽃소금 약간

1 가지는 깨끗이 씻어 물기를 없애고 소금물에 넣어 1시간 정도 절인다(1차 절임).

2 1의 가지를 3등분해서 가지의 양 끝을 남기고 칼집을 세 곳에 넣어, 2차절임양념에 30분간 절이고 체에 밭쳐 물기를 뺀다.
열십자로 칼집을 넣으면 속이 빠지므로 세 곳에 칼집을 넣어요.(사진**1**)

3 실부추는 다듬어 2cm 길이로 썰고, 무도 2cm 길이로 채 썬다.

4 밤은 속껍질까지 말끔히 벗겨 씻어 가늘게 채 썰고, 홍고추는 반으로 잘라 씨를 털어낸 뒤 채 썬다.

5 큰 그릇에 3, 4의 김치양념 재료를 담고 고춧가루와 다진 마늘, 다진 생강, 잣을 넣어 고루 버무린 뒤 꽃소금으로 간을 맞춰 김치양념을 만든다.

6 2의 가지에 5의 김치양념을 채워 넣고 김치통에 담아 하루 정도 둔다(사진 **2**_김치양념 넣기).

7 김치국물을 만들어 살짝 섞어 6의 김치통에 넣어 냉장 보관한다.

물김치

열무물김치

재료

열무 1kg(1단), 홍고추채 2큰술, 잣 10~15알

1차절임양념 굵은소금 5큰술

2차절임양념 향신즙 5큰술, 설탕 ½큰술, 꽃소금 ½큰술

김치양념 찹쌀풀 ½컵, 마늘채 2큰술, 다진 생강 1작은술, 양파즙 ½큰술, 배즙 ½큰술, 무즙 ½큰술, 고춧가루 ⅓컵, 소금 1작은술, 설탕 약간

김치국물 물 4~5컵, 홍고추 4개, 향신즙 3큰술, 꽃소금 2큰술

1. 열무를 7cm 길이로 썰어 4~5분 정도 빨듯이 살살 씻는다. 열무는 잎이 으깨지면 풋내가 나므로 살살 씻는다.
2. 1의 열무에 굵은소금을 뿌려 2시간 정도 절인다(1차절임). 열무가 숨이 죽으면서 살짝 처지는 정도로 절여지면 다시 헹구고 채반에 건져 물기를 뺀다.
3. 2차절임양념 재료를 한데 섞어 2의 열무를 30분간 재웠다가 다시 채반에 건져 물기를 뺀다.
4. 김치양념 재료에서 각종 즙과 고춧가루를 먼저 섞어 불린 후 나머지 김치양념을 넣고 섞는다. 홍고추는 반을 잘라 씨를 빼서 짧고 곱게 채 썬다.
5. 3의 열무에 4의 김치양념과 홍고추, 잣을 함께 넣어 살살 버무려 김치통에 담고 실온에 하루 정도 맛이 들게 둔다.
6. 김치국물 재료를 믹서에 넣고 갈아 5의 열무김치에 넣고 실온에서 5시간 정도 익혀 냉장 보관한다.
국물을 나중에 넣는 것은 김치 익는 시간과 국물 익는 시간이 다르기 때문이에요. 김치가 어느 정도 익었을 때 국물을 넣어주면 더 맛있게 익어요.

백김치

재료

배추 1.5kg(1포기), 무 100g, 밤 2개, 잣 ½작은술, 실부추 (or 갓) 20g, 실고추 1큰술
여름에는 실부추를 겨울에는 갓을 넣으세요.

1차절임양념 물 1컵, 굵은소금 ¼컵

2차절임양념 향신즙 2큰술, 설탕 ½큰술, 꽃소금 ½큰술

김치양념 다진 마늘 3큰술, 다진 생강 1큰술, 향신즙 3큰술, 배즙 2큰술, 양파즙 2큰술, 까나리액젓 ⅓컵, 설탕 1작은술, 꽃소금 2큰술

김치국물 무즙 2컵, 향신즙 2큰술, 꽃소금 ½큰술

1. 배추는 한 포기를 4~6쪽으로 잘라 1차절임양념에 1시간 절였다가 뒤집어서 1시간 정도 더 절여 씻은 후 채반에 건져 물기를 뺀다.
2. 2차절임양념 재료를 한데 넣어 섞고, 1의 절인 배추를 넣어 30분 정도 절인 후 다시 채반에 건져 물기를 뺀다.
3. 무와 밤은 곱게 채 썰고, 실부추는 2cm 길이로 썬다.
4. 볼에 김치양념 재료를 넣어 고루 섞은 뒤 무, 밤, 잣, 실부추, 실고추를 함께 섞는다.
5. 2의 배춧잎 사이사이에 4의 김치양념을 넣고 겉잎 한 장으로 감싸 잘 아물린다.
6. 5의 백김치를 자른 단면이 위로 향하게 김치통에 담아 실온에 익힌다.
   여름에는 6시간, 겨울에는 12시간 실온에 익히세요.
7. 김치국물 재료를 한데 넣어 고루 섞은 뒤 6의 익힌 백김치에 넣어 실온에서 12시간 정도 더 익힌 후 냉장 보관한다.

오이소박이물김치

재료
오이 5개, 굵은소금 약간

1차절임양념
물 ½컵, 굵은소금 4큰술

2차절임양념
향신즙 2큰술, 설탕 ½큰술, 꽃소금 ½큰술

김치소
영양부추 70g, 밤 2개, 무 30g, 실고추 ½큰술, 잣 1큰술

김치양념
마늘채 2큰술, 생강채 2큰술, 설탕 ½큰술, 까나리액젓 1큰술, 꽃소금 1½큰술

김치국물
물 6컵, 향신즙 3큰술, 배즙 5큰술, 양파즙 ⅓컵, 고운 고춧가루 ¼컵, 설탕 ½큰술, 꽃소금 1½큰술

1. 오이는 소금으로 문질러 씻은 후 깨끗이 헹궈 7cm 길이로 자른 후, 한쪽 끝을 1cm 남기고 열십자로 칼집을 낸다.
2. 1의 오이를 1차절임양념에 5~6시간 절인 후 물에 헹구고 물기를 잘 뺀다.
3. 2차절임양념 재료를 고루 섞고, 2의 오이를 넣어 1시간 정도 절인 후 무거운 돌이나 그릇으로 오이를 눌러두고, 가끔 오이를 뒤집으면서 3시간 정도 더 재운다.
   오이의 물기가 잘 빠져야 김치가 맛있게 돼요. 이 시간을 단축하려면 오이를 무거운 것으로 눌러두면 돼요.
4. 3의 오이가 물이 빠지고 숨이 죽으면 채반에 건져 자연스럽게 물기를 뺀다.
5. 영양부추는 3cm 길이로 썰고 밤은 곱게 채 썬다. 무는 영양부추 굵기로 채 썬다.
6. 볼에 김치양념 재료를 넣어 고루 섞은 뒤 영양부추, 밤, 무, 실고추, 잣을 섞어 김치소를 만든다.
7. 4의 절인 오이의 칼집 사이를 벌려 6의 김치소를 넣는다.
8. 김치통에 7의 오이김치를 담고 실온에 6시간 정도 맛이 배도록 둔다.
9. 김치국물 재료를 한데 넣어 고루 섞은 뒤 면포에 밭쳐 8의 오이김치에 넣고 실온에서 하루 정도 더 익힌 후 냉장 보관한다.

총각무물김치

재료
총각무 1.5kg, 홍고추 1개

1차절임양념
물 1컵, 굵은소금 ⅓컵+1큰술

2차절임양념
향신즙 3큰술, 설탕 2작은술, 꽃소금 2큰술

김치양념
다진 마늘 3큰술, 다진 생강 1큰술, 향신즙 3큰술, 양파즙 2큰술, 배즙 2큰술, 까나리액젓 ⅓컵, 설탕 1작은술, 꽃소금 1작은술

김치국물
물 7~10컵, 설탕 1작은술, 향신즙 4큰술, 꽃소금 2~3큰술, 찹쌀가루 3큰술

1. 총각무는 뿌리를 잘라내고 칼등으로 껍질과 줄기의 검은 부분을 긁어 낸다.
   잎과 무 사이 부분도 깨끗이 다듬어요(237쪽 참고).
2. 1의 총각무를 소금물에 담그고 줄기에는 굵은소금을 뿌린다. 30분 후에 총각무를 뒤집어 다시 30분 정도 더 절인다(1차절임).
3. 2의 총각무가 절여지면 물에 2~3번 헹구고 채반에 건져 물기를 뺀다.
4. 2차절임양념 재료를 한데 넣어 섞고 3의 총각무를 넣어 30분간 재운 후 채반에 건져 자연스럽게 물기를 뺀다.
5. 홍고추는 반으로 잘라 씨를 뺀 뒤 짧고 굵게 채 썬다.
6. 큰 볼에 김치양념 재료를 넣어 고루 섞은 뒤 4의 절인 총각무와 5의 홍고추채를 넣고 버무려 김치통에 담아 6~8시간 실온에 둔다.
7. 김치국물 재료 중 찹쌀가루 3큰술과 물 7~10컵을 냄비에 함께 넣어 풀어서 주걱으로 저으면서 끓여 투명해지면 불을 끄고 살짝 식힌다.
8. 7의 찹쌀풀에 나머지 김치국물 재료를 넣고 잘 섞은 뒤 6의 김치통에 넣어 냉장 보관한다.

간편동치미

재료

동치미무 3개(1.5kg), 배 ½개, 쪽파 30g, 오이 50g, 까나리액젓 ¼컵, 유자청 1큰술, 홍고추 3개, 찹쌀풀 ⅓컵, 소금 3큰술

김치양념

다진 마늘 4큰술, 다진 생강 1½큰술, 무즙 1컵

김치국물❶

물 15컵, 멸치 50g, 보리새우 20g, 다시마(7*7cm) 1장, 콩나물 50g, 고추씨 1큰술

김치국물❷

물 4컵, 향신즙 ½컵, 배즙 1컵, 소금 ⅓컵

1. 동치미무는 깨끗이 씻어 두께 1.5cm, 길이 4cm로 썰고, 배와 쪽파, 오이도 무와 같은 크기로 썬다. 홍고추는 씨를 털어내고 어슷 썰거나 무 크기로 썬다.
2. 1의 무와 배, 쪽파, 오이를 까나리액젓과 유자청, 찹쌀풀, 소금으로 버무려 간이 들게 둔다.
3. 김치양념 재료를 섞어 면포에 밭쳐 내린 후 2의 간이 든 재료와 함께 버무려 하루 정도 숙성시킨다.
4. 김치국물❶의 재료를 냄비에 넣고 살짝 끓인 후 면포에 밭쳐 내리고 식힌다.
5. 4의 김치국물이 식으면 김치국물❷의 재료를 섞어 하루 정도 숙성시킨 다음 3의 동치미 건더기 절임에 붓는다.
6. 5를 12시간 정도 익혔다가 시원한 곳에 두고 먹는다.

맑은 홍백김치

재료

쌈배추 4포기

1차절임양념 굵은소금 ½컵 +3큰술, 물 4컵,

2차절임양념 향신즙 3큰술, 꽃소금 1큰술, 설탕 ⅔큰술

김치양념 무채 1컵, 밤채 2큰술, 수삼채 1큰술, 홍고추채 2큰술, 실부추 30g, 잣 1큰술, 까나리액젓 2큰술, 새우젓 2큰술, 소금 1큰술, 다진 마늘 3큰술, 다진 생강 1큰술, 설탕 ½큰술

김치국물 파프리카 ½개, 홍고추 3개, 무즙 1큰술, 양파즙 1개분, 배즙 ½컵, 설탕 1작은술, 까나리액젓 1큰술, 소금 1½큰술, 다시마육수 5컵, 찹쌀풀 1½큰술

1. 배추는 절반으로 2등분해서 1차절임양념에 줄기 쪽을 먼저 담갔다가 간이 들면 잎까지 담가 절인다. 이때 굵은소금 3큰술을 줄기 쪽에 뿌려 절인다.
2. 1의 배추를 3시간 정도 절인 후 배추를 뒤집어 다시 2시간 더 절인 다음 3~4번 깨끗이 헹구고 채반에 건져 물기를 뺀다.
3. 2차절임양념 재료를 한데 넣어 고루 섞는다.
4. 3의 절임양념을 2의 배추 줄기에 발라 30분 정도 두었다가 엎어서 다시 채반에 건져 물기를 뺀다.
5. 김치양념 재료의 무와 밤, 수삼, 홍고추는 곱게 채 썰고, 실부추도 채와 비슷하게 썰어 나머지 양념과 함께 고루 섞는다.
6. 4의 절인 배추 사이에 5의 김치양념을 소량씩 집어넣은 후 김치통에 담아 실온에서 12시간 숙성한다.
7. 김치국물 재료의 무와 양파, 배는 즙을 내고, 파프리카와 홍고추는 깨끗이 씻어 꼭지와 씨를 뺀 후 나머지 김치국물 재료와 함께 곱게 갈아 체에 밭쳐 맑은 김치국물을 만들어 6에 넣는다. 일반적으로 실온에서 8시간 익히는데, 겨울에는 12시간 익혀 냉장 보관하세요.

나박김치

재료

배추속대 1kg, 무 1개(1kg)

절임양념

향신즙 4큰술, 설탕 1큰술,
꽃소금 2큰술

김치양념

오이 ½개, 홍고추 1개, 배 ¼개, 미나리 10줄기, 밤 2개, 잣 ½큰술, 다진 생강 1큰술, 다진 마늘 2큰술, 간 홍고추 2큰술, 멸치육수 5큰술, 고춧가루 1큰술

김치국물

물 15~16컵, 향신즙 2큰술, 꽃소금 2큰술, 설탕 1큰술

1. 배추속대를 사방 2.5cm 길이로 썬다. 무도 두께를 3mm로 해서 같은 크기로 썬다.
2. 오이는 동그랗게 얇게 썰고, 밤도 얇게 편 썬다.
3. 볼에 배추와 무, 오이 썬 것을 담고 절임양념 재료를 넣어 버무려 30분간 절인 후 채반에 건져 물기를 뺀다.
4. 홍고추는 반으로 잘라 씨를 털어낸 뒤 짧고 곱게 채 썰고, 배는 무와 같은 크기로 썬다.
5. 미나리는 다듬어 씻어서 2.5cm 길이로 썰고, 잣은 고깔을 떼고 마른 거즈로 닦는다.
6. 김치양념 재료의 고춧가루를 멸치육수에 담가 불린 뒤 면포에 밭쳐 붉은색의 고운 물만 우려낸다.
7. 큰 볼에 배추, 무, 오이, 배, 미나리, 밤, 잣, 홍고추를 담고 6의 고춧가루 우린 물과 김치양념 재료를 넣어 버무려 김치통에 담아 여름에는 6시간 겨울에는 12시간 정도 실온에 둔다.
8. 김치국물 재료를 고루 섞어 소금이 녹으면 7에 넣는다.
   김치가 발효되었을 때 김치국물을 넣으면 재료들이 가라앉지 않고 둥둥 떠올라 보기에도 먹음직스러워요.

고추물김치

재료

풋고추 40개

1차절임양념
굵은소금 2큰술

2차절임양념
향신즙 2큰술, 설탕 ½큰술,
꽃소금 1작은술

김치양념
무채 ½컵, 실부추 50g, 밤채
3큰술, 홍고추 1개, 잣 ½큰술,
까나리액젓 3큰술, 설탕 1작은술,
다진 마늘 1큰술, 다진 생강
½큰술, 볶은 소금 1큰술

김치국물
물 5컵, 무즙 ½컵, 양파즙 1개분,
배즙 ½컵, 찹쌀풀 2큰술, 향신즙
3큰술, 꽃소금 3큰술, 설탕 1작은술

1. 고추는 깨끗이 씻어, 꼭지 끝부분의 지저분한 것만 가위로 살짝 잘라 준다.
2. 1의 고추에 굵은소금을 뿌려 30~40분 절였다가(1차절임) 가운데 부분에 길이로 길게(끝부분의 ¼ 정도는 남긴다) 칼집을 넣는다.
   이때 절대로 씨는 털어내지 않는데 고추씨가 영양이 풍부하고 아삭한 식감도 주기 때문이에요. 절일 때는 고추씨가 있어야 김치로 담았을 때 고추의 모양을 잘 유지할 수 있어요.
3. 2의 고추에 2차절임양념 재료를 고루 뿌려 30분간 재운 뒤 채반에 건져 물기를 뺀다.
4. 실부추는 다듬어 씻어 2cm 길이로 썰고 홍고추는 반으로 잘라 씨를 털어내고 2cm 길이로 채 썬다.
5. 무채, 실부추, 밤채, 홍고추채, 잣을 큰 그릇에 담고 나머지 김치양념 재료에 버무린 후 꽃소금으로 간을 맞춰 김치양념을 만든다.
6. 3의 고추의 칼집 사이에 5의 김치양념을 넣은 후 김치통에 차곡차곡 담아 실온에서 6~8시간 익힌다.
7. 김치국물 재료를 한데 섞어 6의 김치통에 넣고 냉장 보관한다.

그 외 다양한 김치

장김치

재료
알배기 배추 ½포기, 무(작은 것) 1개,
미나리 20~30g, 전복 1개, 홍고추 1개

재움양념
향신즙 1큰술, 소금 1작은술, 까나리액젓
1작은술

절임양념
메이플시럽 ½큰술, 잣 2큰술, 다진
마늘 2큰술, 다진 생강 ½큰술, 까나리
액젓 2큰술, 꽃소금 2큰술

김치국물
물 6컵, 국간장 2큰술, 진간장 1큰술,
향신즙 2큰술, 소금 ½큰술

1. 배추와 무는 깨끗이 씻어 나박 모양(2*2cm)으로, 미나리는 2cm 길이로, 홍고추는 어슷 썬다. 전복은 무와 같은 크기로 편 썰어 재움양념 재료에 재워놓는다.

2. 절임양념 재료를 한데 넣어 1의 재료에 고루 버무려 김치통에 담아 7시간 실온에 둔다.

3. 김치국물 재료를 한데 넣어 고루 섞어 2의 숙성시킨 김치에 부어 냉장 보관한다.

수박김치

재료

알배기 배추 3kg, 배 ½개, 잣 ½큰술

1차절임양념

굵은소금 ½컵+½컵, 물 5컵

2차절임양념

향신즙 5큰술, 고운소금 1큰술,
설탕 1큰술

김치양념

갓 200g, 밤 4개, 홍고추 2큰술, 다진 마늘 4큰술, 다진 생강 1큰술, 간 홍고추 5개분, 무즙 ½컵, 양파즙 ½컵, 배즙 ½컵, 새우젓 ½컵, 찹쌀풀 ⅔컵, 소금 3큰술

양념

무즙 2컵, 소금 1큰술

수박김치국물

수박 1.5kg, 육수 2컵, 소금 ½큰술, 향신즙 ½컵, 김치국물 1½컵

1. 배추는 4등분해서 1차절임양념에 줄기를 먼저 담갔다가 소금물이 약간 싱거워지면 잎까지 담근 후 굵은소금을 줄기 쪽에 뿌려 절인다.
2. 1의 배추를 3시간 정도 절인 후 배추를 뒤집어 다시 3시간 더 절인 다음 4번 정도 깨끗이 헹구고 채반에 건져 물기를 뺀다.
3. 2차절임양념 재료를 섞어 2의 배추 줄기에 발라 30분 두었다 물기를 뺀다.
4. 갓은 깨끗이 씻어 3~4cm 길이로 썰고, 밤은 껍질을 벗겨 얇게 편 썰고, 홍고추는 반으로 갈라 씨를 털어내어 짧고 굵게 채 썰어 김치양념 재료에 잘 버무린다.
5. 3의 배추에 4의 김치양념을 버무려 통에 담아 실온에서 12시간 둔다.
6. 볼에 무즙과 소금을 넣어 고루 섞은 뒤 숙성된 5의 김치통에 넣어 5시간 발효한 후 냉장 보관한다.
7. 수박을 썰어 믹서에 갈아 체에 밭쳐 나머지 수박김치국물 재료와 섞어 냉동고에 살짝 얼린다.
8. 그릇에 6의 김치를 먹기 좋게 썰어 그릇에 담고, 먹기 직전에 8의 수박김치국물을 넣는다. 배와 잣, 작은 수박 덩어리를 얹어 내면 모양도 맛도 더 좋다.

백보쌈김치

재료

배추 2포기(약 4kg)

1차절임양념

굵은소금 1컵, 물 5컵

2차절임양념

향신즙 3큰술, 꽃소금 1큰술, 설탕 1큰술

김치소양념

생새우 50g, 낙지 100g, 전복(대) 1마리, 꽃소금 1큰술, 향신즙 2큰술, 작은 무 1개(1kg), 배 ¼개, 미나리 10줄기, 밤 4개, 대추 4개, 석이버섯 3장, 찹쌀풀 ½컵, 다진 마늘 4큰술, 다진 생강 1큰술, 까나리액젓 ½~⅓컵, 양파즙 ¼컵, 실고추 약간, 잣 1큰술, 꽃소금 1½큰술

김치국물

무즙 1컵, 멸치육수 1컵, 배즙 1컵, 꽃소금 약간

1 배추는 4등분해서 1차절임양념에 줄기 쪽을 먼저 담갔다가 소금물이 약간 싱거워지면 잎까지 담가 절인다(배추김치 232쪽 참고).

2 1의 배추를 3시간 정도 절인 후 배추를 뒤집어 다시 3시간 더 절여 깨끗이 헹구고 채반에 건져 물기를 뺀다.

3 2차절임양념 재료를 한데 넣어 고루 섞는다.

4 3의 절임양념을 2의 배추 줄기에 발라 30분 정도 두었다가 다시 채반에 건져 물기를 뺀다.

5 낙지는 바락바락 주물러 씻고, 생새우는 머리를 떼고 껍질을 벗겨 엷은 소금물에 씻어 물기를 뺀 뒤 향신즙에 재운다. 낙지는 2cm 길이로 썰고, 새우는 굵게 다져 향신즙과 까나리액젓, 소금에 절인다. 전복도 편 썰어 향신즙, 까나리액젓, 소금에 절인다.

6 작은 무는 가로 2cm, 세로 2cm 크기로 얇게 썰고, 배는 씨를 발라내고 껍질을 벗겨 무와 같은 크기로 썬다.

7 미나리는 다듬어 씻어 2cm 길이로 썰고, 밤은 껍질을 벗겨 얇게 편 썬다. 대추는 돌려 깎아 씨를 발라내고 1cm 폭으로 썬다.

8 석이버섯은 불려서 모래를 떼 내고 박박 문질러 막을 벗겨내 씻어서 돌돌 말아 채 썬다.

9 볼에 찹쌀풀, 다진 마늘, 다진 생강, 액젓, 양파즙을 넣어 고루 섞는다.

10 절인 배추의 겉잎을 24장 정도 떼어놓고 나머지는 4cm 길이로 썬다.

11 넓은 그릇에 무, 배, 밤, 대추, 미나리를 담고 9의 양념을 넣어 버무린 뒤 실고추, 잣, 석이버섯채, 낙지, 생새우, 전복을 넣어 버무리고 꽃소금으로 간을 맞춰 김치소양념을 만든다.

12 김치보시기에 10의 떼어낸 배추겉잎을 줄기를 안쪽에 잎 부분이 가장자리로 늘어지게 2~3장 돌려 깔고 줄기 부분에 꽃소금을 살짝 뿌린 다음 배추 썬 것을 세워 담고, 11의 김치소양념을 배추 줄기 사이사이에 끼워 넣고 위로도 풍성하게 넣은 다음 늘어진 배춧잎을 올려 덮어 꼭꼭 누른다.

13 12의 잘 싼 보쌈김치를 줄기 부분이 밑으로 향하게 해서 김치통에 차곡차곡 담아 12시간 숙성시킨다.

14 김치국물 재료를 한데 넣어 고루 섞어 13의 숙성한 김치통에 넣어 5~6시간 뒤에 냉장 보관해서 익힌다.

2장

입맛 살리는 장아찌와 젓갈

오래 보관해도 먹기 좋은 장아찌와 젓갈은 밥이 주식인 우리나라 밥상에 아주 잘 어울리는 반찬류입니다. 입맛을 돋워 밥맛을 좋게 하고, 탄수화물을 분해하는 등 소화를 돕는 역할도 합니다. 또한 각종 요리에 다양하게 쓰이기도 하지요. 일품요리에 곁들임 반찬으로도 활용되며, 젓갈의 경우는 양념으로도 사용할 수 있습니다.

장아찌와 젓갈의 높은 염도가 걱정되어 꺼리는 사람도 있긴 하지만, 몸에 좋은 다양한 효소들이 가득한 장아찌와 젓갈은 과하지 않게 적절한 양으로 구색을 맞춰 먹으면 충분히 몸에 좋습니다. 기름지고 부담스러운 음식과 함께 내면 입맛을 개운하게 하는 데 도와주기도 하고요. 묵은 장아찌일수록 효소가 풍부해져서 감칠맛도 나지요. 약방의 감초 같은 장아찌와 젓갈은 밥상 구성에 필요한 요소로, 작은 음식이지만 완벽한 밥상을 만들어줍니다.

장아찌나 젓갈은 같은 양념으로 만든다고 하더라도 어떤 재료로 만드느냐에 따라 맛과 향이 확 다릅니다. 그런데 집에서 장아찌나 젓갈 담그기는 너무 어려우셨죠? 이제부터 제철 재료로 간단하게 담그는 법을 알려드리겠습니다.

장아찌

깻잎장아찌

재료
깻잎 500g, 향신즙 2큰술, 진간장 ½컵, 까나리액젓 1큰술

장아찌양념
향신장 ½컵, 까나리액젓 3큰술, 고춧가루 ¼컵, 통깨 2큰술, 다진 마늘 2큰술, 물엿 3큰술, 밤채 2큰술, 홍고추채 1큰술, 다진 생강 ½큰술

1. 깻잎은 깨끗이 씻어 물기를 턴다.
   깻잎을 모양대로 잡아 찬물에 담갔다 뺀 후 세게 털고, 한 장씩 넘겨가며 흐르는 물에 재빨리 씻어요.

2. 향신즙과 진간장, 액젓을 섞어 1의 깻잎 줄기 쪽으로 흘려서 절인다. 깻잎이 살짝 숨이 죽으면 뒤집어 1시간 절인 뒤 손으로 물기를 꼭 짠다. 깻잎을 절일 때 깻잎의 모양대로 줄기 부분으로 한 줌을 잡고 세운 후 양념을 조금씩 위에서 아래로, 줄기 쪽으로 흘러내리게 한 뒤(사진1_깻잎 절이기) 바로 옆으로 눕히세요(사진2_절여서 바로 눕히기).

3. 장아찌양념 재료를 한데 넣고 섞어 2의 깻잎을 2~3장마다 앞뒤로 발라 켜켜이 쌓아 간이 배게 한다.

마늘장아찌

재료

마늘 2kg, 식초 넉넉히
(마늘이 잠길 정도)
2배식초를 쓸 경우에는
식초와 물이 1:1 비율이에요.

장아찌양념

멸치육수 6컵, 설탕 ⅓컵,
향신장 ½컵, 소금 3~4큰술

1. 마늘을 밀폐용기에 넣고 마늘이 잠길 정도로 식초를 넣어 7일간(깐마늘은 5일간) 삭힌 뒤 식초는 ⅓정도 따라낸다.
   마늘장아찌를 담그기에는 5, 6월이 적당하지요. 5월 마늘은 마늘대가 없고 줄기가 연해 통째로 먹어도 좋아 마늘을 통째로 담고, 6월에는 껍질을 깐 마늘을 사용하는 것이 좋아요.
2. 냄비에 준비한 장아찌양념 재료를 넣어 끓인 후 충분히 식힌다.
3. 1의 마늘에 2의 양념을 넣어 20일 이상 삭힌 후 먹는다.
   마늘을 간장장아찌양념 재료로 끓여 간장장아찌로 만들어도 좋아요.
   (**간장장아찌양념** 향신장 2컵, 멸치육수 2컵, 설탕 ½컵, 소금 4큰술)

두릅장아찌

재료

두릅 1kg, 소금물(물 2컵+
소금 2큰술), 향신즙 3큰술,
진간장 ½큰술, 까나리액젓 ¼컵

장아찌양념

배식초(or 과일식초) ⅔컵,
올리고당 3큰술, 물엿 ¼컵,
매실즙 ¼컵, 향신즙 ¼컵,
향신장 ¼컵, 소금 ½큰술

1. 두릅 끝에 붙어 있는 나무를 잘라 다듬어서 끓는 소금 물에 두릅순만 살짝 데쳐 찬물에 담가 식힌다.
2. 1의 데친 두릅의 물기를 꼭 짠 뒤 향신즙과 진간장, 액 젓에 버무려 15분간 재운 뒤 손으로 물기를 꼭 짠다.
3. 밀폐용기에 장아찌양념 재료를 넣어 고루 섞은 뒤 2의 두릅을 넣고 숙성시킨다.
4. 3을 실온에서 3일간 숙성시키고, 냉장고에 7일 정도 보 관한 뒤 먹는다.

곰취장아찌

재료
곰취 1kg, 멸치육수 2컵, 굵은소금 2큰술, 향신즙 3큰술, 향신장 2큰술

장아찌양념
국간장 1½컵, 향신즙 ⅓컵, 향신장 ½컵, 식초 1컵, 설탕 ½컵

효소양념
매실청 ⅓컵, 솔주(or 포도주) 2큰술, 마늘장아찌국물 2큰술

1. 곰취는 깨끗이 씻어 물기를 제거하고, 켜켜이 담아 멸치육수와 굵은소금, 향신즙, 향신장을 섞어 넣고 6시간 정도 재운다(3시간 재우고, 뒤집어서 다시 3시간 재운다). 곰취가 재워지면 물기를 손으로 꼭 짠다.
2. 냄비에 장아찌양념 재료를 넣어 팔팔 끓여 식힌 뒤 1의 곰취 사이사이에 발라 하루(24시간) 동안 냉장 보관하고, 다시 뒤집어 하루(24시간) 동안 냉장 보관하여 절인다.
3. 2의 절인 곰취를 꺼내 손으로 꼭 짜고 절인 국물은 다시 끓인 뒤 식힌다.
4. 3의 식힌 절인 국물에 효소양념 재료를 넣어 섞은 후, 곰취를 다시 한 번 넣고 재워 3~5일 정도 냉장 보관한 뒤 먹는다.

매실장아찌

재료

매실 5kg, 설탕 2컵, 소금 ¼컵

장아찌양념

향신장 1¼컵, 향신즙 ¼컵,
국간장 2큰술

고추장양념

고추장 1½컵, 고춧가루 ½컵,
물엿 ½컵, 향신장 ⅛컵,
소금 ½큰술

1. 매실은 깨끗이 씻어 씨를 도려내고 설탕과 소금을 넣어 3~4일간 재운다.
2. 1의 재운 매실에 장아찌양념 재료를 넣고 버무려 냉장고에서 30일 정도 발효시킨다.
3. 고추장양념 재료를 2의 발효된 매실에 넣고 다시 버무려 20일 정도 숙성시킨 후 먹는다.
  매실을 재웠을 때 생긴 원액(엑기스)은 각종 요리에 넣어 사용하면 좋아요.

젓갈

생새우젓갈(새우육젓)

재료
새우 1kg, 굵은소금 170g+⅓컵

소금물
굵은소금 ½컵, 물 15컵

무침양념(새우젓 50g 분량 기준)
매실즙 ½작은술, 다진 홍고추 ½큰술, 다진 풋고추 ½큰술, 다진 파 ½큰술, 다진 마늘 1작은술, 참기름 ½작은술, 통깨 ½큰술

1 새우는 6월에서 7월에 잡히는 것으로 살아 있을 때 소쿠리에 넣고 소금물을 뿌린 후 살짝 흔들어 씻어 물기를 뺀다.
  6~7월에 나는 새우로 만들어 가을, 겨울에 먹어요.

2 1의 물기 뺀 새우에 굵은소금 170g을 넣어 버무린 후 밀폐유리용기나 옹기그릇에 담는다.

3 2의 새우 위에 굵은소금 ⅓컵 분량을 고루 뿌리듯 얹어 밀봉하여 저온(or 냉장고)에서 3~4개월 정도 숙성한다.

4 3의 새우젓을 꺼내 무침양념 재료로 고루 무쳐 작은 접시에 담는다.
  비린 맛이 나는 다른 젓갈도 이 양념으로 무치면 맛있어요. 기호에 따라 고춧가루 1큰술만 넣으면 밥 반찬으로 더욱 좋아요.

조개젓갈

재료

조갯살(바지락) 200g, 향신즙 2큰술, 까나리액젓 ½큰술, 꽃소금 ½큰술

젓갈양념

까나리액젓 ½큰술, 소금 1큰술, 다진 마늘 1큰술, 간 양파 1큰술, 향신즙 1큰술

무침양념(조갯살 2큰술 기준)

다진 풋고추 1작은술, 통깨 1작은술, 식초 1작은술, 참기름 약간

1. 조갯살은 내장 부분을 눌러 내장을 제거하고 살살 헹궈 물기를 뺀 후, 향신즙과 까나리액젓, 소금에 15~20분간 재운 후 물기를 뺀다.
2. 젓갈양념 재료와 1의 조갯살을 한데 넣어 고루 버무려 저온(or 냉장고)에서 1주일~10일간 숙성한다.
3. 상에 내기 전 2의 숙성한 조개젓 2큰술에 무침양념 재료를 넣어 살살 버무려 그릇에 담는다.

무침양념에 고춧가루만 약간 추가하면 더 맛있는 반찬이 돼요. 조개젓갈에는 굵은 고춧가루 대신 질감이 느껴지지 않는 고운 고춧가루로 무치는 게 더 좋아요.

멍게젓갈

재료

멍게 2kg

밑양념

소금 3큰술, 까나리액젓 2큰술, 향신즙 3큰술

젓갈양념

인삼청 1작은술, 솔주 1작은술, 향신즙 3큰술, 다진 생강 ½큰술, 고운 고춧가루 ½컵, 까나리액젓 2큰술, 물엿 3큰술

무침양념(멍게 50~100g 기준)

통깨 1작은술, 참기름 1작은술, 소금 약간

1. 멍게를 흐르는 물에 깨끗이 씻어 먹기 좋은 크기로 썬다.
2. 1의 손질한 멍게에 밑양념 재료를 고루 섞어 2일간 냉장 보관하여 재운다.
3. 2의 재운 멍게의 물기를 빼고 젓갈양념 재료에 버무려 저온(or 냉장고)에서 7일간 숙성한다.
4. 상에 내기 전 3의 숙성한 멍게를 적당히 덜어 무침양념 재료로 무쳐 그릇에 담는다.
   멍게젓갈을 무침양념에 무쳐서 낼 때 다진 풋고추나 다진 홍고추, 밤채를 더해주면 훨씬 맛있어요. 단, 멍게젓갈은 처음부터 채소를 넣고 저장하면 쉽게 상할 수 있으니 꼭 먹기 직전에 채소를 넣어주세요.

3장

밥상에 건강을 더하는 장

예로부터 우리 민족은 장을 이용하여 음식의 간과 맛을 맞췄습니다. 장은 우리 음식 맛의 바탕이요, 우리 맛의 근원입니다. 상 위에 간장을 놓을 때도 간장은 음식의 간을 맞추고 맛을 조화롭게 한다 하여 중앙에 배치했지요. 또한 "장醬은 능해백초독能解百草毒이라"는 말이 있듯이 몸의 독성을 제거하는 데 좋다고 합니다. 그래서 일찍이 선조들은 된장이나 간장을 상차림에 곁들여 건강한 식생활을 추구해왔습니다.

우리나라의 장은 콩으로 만든 메주를 소금물에 담가서 얻는 간장과 된장이 주를 이룹니다. 이 간장과 된장은 육안으로는 확인할 수 없는 곰팡이와 세균, 효모의 협동작용으로 탄생하는데요, 장을 먹는 것은 무독성 '페니실린'을 먹는 것과 같습니다. 푸른곰팡이에서 만들어지는 항생물질인 페니실린은 폐렴·단독丹毒·패혈증·매독 등의 치료에 쓰이는데, 우리 민족은 예로부터 장을 통해 이를 섭취해왔던 것입니다.

이런 몸에 좋은 장을 선조들의 전통적인 방식을 따라 직접 만들어보는 것은 어떨까요? 엄두도 못 낼 일이라 생각되겠지만, 한번 담아보면 생각보다 어렵지 않고 재미도 느껴질 겁니다. 직접 장을 만들었다는 자부심도 느껴져 "내가 담근 거야"라고 자신 있게 상에 올릴 수도 있고요. 그 정성에 다들 놀라고 기뻐하며 더욱 맛있게 먹을 테지요. 그것 자체가 바로 우리 가족을 위한 행복한 밥상일 겁니다.

집간장

재료❶ 메주 5kg(1말), 물 30ℓ, 천일염 4.5kg
재료❷ 마른고추 5개, 솔잎 3송이, 참숯 150g, 볏짚새끼줄 1m

1 메주를 옅은 소금물에 재빨리 씻어 양지 바른 곳에서 말린다.
2 간장을 담을 항아리에 체를 걸친 후 재료❶의 천일염을 올리고 그 위에 물을 부어 소금을 녹인다. 소금 녹인 물을 12시간 정도 가라앉힌 후 깨끗한 윗물만 떠서 고운체에 면포를 깔아 다시 받쳐 거른다.
걸러진 깨끗한 소금물만 쓰고, 아래 불순물은 버리세요.
3 항아리에 1의 메주와 2의 소금물을 넣고 뚜껑을 덮어 3일간 둔다.
3일 뒤 뚜껑을 열어 메주가 떠 있지 않으면 염도가 부족하니 소금을 추가하세요. 이때 염도는 염도계로 측정할 경우에는 17~20도, 염도계가 없다면 달걀을 띄워 수면 위로 달걀 면적이 500원 동전 크기만큼 떠오르면 돼요.
4 3의 항아리에 마른고추와 솔잎, 숯을 띄우고, 향균을 돕는 새끼줄로 항아리 주둥이를 둘러 묶은 후 40일간 숙성한다.
5 숙성 기간 동안 간장에 곰팡이가 피지 않도록 매일매일 4의 항아리 뚜껑을 열어 햇볕을 보게 한다.
6 40일 뒤 5에서 메주를 살며시 건지고 간장을 체에 밭쳐 끓인 뒤 항아리에 담는다.
우려낸 메주와 간장으로 된장도 만들어요.

된장

재료❶ 장 담근 메주 5kg(1말), 장 담근 집간장 5~7컵, 고운소금 ½컵
재료❷ 메주가루 2컵, 소금 ½컵

1 숙성된 간장독에서 메주를 풀리지 않게 잘 건져 내어 큰 양푼에 담고 5컵의 집간장을 넣어 덩어리를 풀어준다.
2 1의 덩어리가 고루 잘 풀어지면 고운소금 ½컵과 집간장 2~3컵을 넣어 조금 간간하다 싶게 간을 맞추고 지룩하게 으깬다.
3 2의 지룩하게 으깨진 메주와 간장을 항아리에 담고, 그 위에 재료❷의 메주가루를 고루 뿌려 습기를 흡수하게 하고 윗면에 소금을 얇게 고루 뿌려 덮는다.
4 3을 햇볕이 잘 드는 곳에 두어 3~4개월간 익힌다.
된장에 곰팡이가 났을 경우 곰팡이를 걷어내고, 메주가루에 소금을 적당히 섞어 된장에 뿌려주세요. 메주가루와 소금이 표면의 습기를 없애는 역할을 해 미생물의 번식을 막을 수 있어요.

호박장

재료❶ 늙은호박 1kg, 멸치육수 7컵, 보리가루 2½컵, 멸치가루 ½컵, 새우가루 ½컵

재료❷ 메주가루 10컵, 고춧가루 ⅓컵, 멸치육수 3컵, 국간장 2컵, 소금 ½컵

재료❸ 메주가루 ½컵, 소금 1½큰술

1. 늙은호박을 잘라 씨를 제거한 후 껍질을 벗겨 적당한 크기로 썬다.
2. 냄비에 멸치육수와 보리가루, 멸치가루, 새우가루를 넣고 끓인 후, 1의 늙은호박을 넣고 완전히 익힌다.
3. 2를 살짝 식혀 믹서에 곱게 갈고 재료❷의 재료와 섞어 항아리에 담는다.
4. 항아리에 담은 3의 윗부분에 재료❸을 얹어 수분을 말리고, 항아리의 입구를 망이나 거즈로 덮어 호박장을 익힌다.

간편어육장

재료❶ 메주 4kg

재료❷ 민어 200g, 전복 2마리, 닭고기 ⅓마리, 소고기(우둔살) 300g, 물 6컵, 소금 ½컵

재료❸ 황기뿌리 100g

재료❹ 소금물(물 15ℓ+굵은소금 3kg), 숯 3개, 마른고추 5개, 대추 4개

재료❺ 계량메주가루 5컵, 국간장 480g

재료❻ 메주가루 1½컵, 소금 3큰술

어육양념 향신즙 3큰술, 청주 3큰술, 식초 ½큰술, 국간장 3큰술, 굵은소금 1큰술

1. 메주는 옅은 소금물에 재빨리 씻어 말린다.
2. 재료❷의 해물 재료는 내장을 제거한 후 소금물에 씻어 물기를 제거한다.
3. 2의 해물을 덩어리째 어육양념 재료에 섞어 냉장고에서 재운 후 베란다나 환기가 되는 곳에 줄로 매달아 2~3일 정도 꾸덕하게 말린다.
4. 항아리에 3의 꾸덕하게 말린 해물을 넣고 그 위를 재료❸의 황기뿌리로 엉성하게 덮은 후 1의 메주를 얹는다.
5. 재료❹의 소금물을 만들어 면포에 받쳐 내려 4의 항아리에 붓고, 마른고추와 숯, 대추를 띄워 40일간 발효시킨다.
6. 40일이 지난 후 간장은 떠서 끓이고(어육장), 메주는 재료❺와 섞어 버무려 항아리에 담아 재료❻의 메주가루와 소금을 얹어 수분을 흡수하게 하고 망이나 거즈로 덮어 익힌다(어육된장).

고추장

재료❶ 엿기름 3컵, 물 12컵(8컵+4컵), 찹쌀가루 6~7컵, 물엿 2컵, 고춧가루 400g, 메주가루 2~3컵, 꽃소금 1½컵

재료❷ 메주가루 1컵, 소금 2~3큰술, 고춧가루 ⅔컵

1 엿기름에 물 8컵을 넣어 3번 정도 거듭 빨아 고운체에 밭친다.
2 1의 빨아낸 엿기름에 다시 물 4컵을 넣어 1~2번 더 빨아 고운체에 밭친다.
3 2에 찹쌀가루를 넣고 약불에 뭉근히 끓이며 저어준다.
4 3의 내용물이 표면에서 2cm 정도 줄어들면 물엿을 넣고 고루 저은 뒤 살짝 끓여 차게 식힌다.
5 차게 식힌 4에 고춧가루를 넣어 고루 섞고, 빨간색이 고르게 나면 메주가루와 소금을 넣어 간을 맞춘다.

양념이 너무 되면 소금을 바로 넣지 말고, 소금물을 만들어 차게 식힌 뒤 넣어도 돼요. 장에 열이 조금이라도 남아 있는 상태에서는 혼합하지 않도록 주의하세요. 발효하는 과정에서 계속 끓어 올라 넘치게 돼요.

6 재료❷의 메주가루와 소금을 고루 뿌려 겉이 단단히 마르게 한다.
7 항아리의 뚜껑을 닫지 말고, 한지에 풀을 먹여 항아리 입구를 봉한 뒤 한 달간 숙성시킨다.

더덕고추장

재료❶ 더덕 2kg, 수삼 200g, 소금 2큰술, 엿기름 4컵, 물엿 2컵
재료❷ 찹쌀(찹쌀가루) 10컵, 기장 3컵, 엿기름물 25컵(20컵+5컵), 대추 3컵, 호두 1컵, 조청 2컵
버무림양념 메주가루 6컵, 고춧가루 12컵, 황토소금 ⅔컵, 굵은소금 1컵
엿기름물 엿기름물 3컵, 소금 2큰술
재료❸ 메주가루 3큰술, 고춧가루 4큰술, 굵은소금(곱게 간 것) 3큰술

1 엿기름은 3번 정도 깨끗이 빨아 고운체에 밭치고, 엿기름물은 따로 모은다. 더덕과 수삼은 흐르는 물에 재빨리 씻는다. 대추는 젖은 면포로 깨끗이 닦아 돌려 깎기해 씨를 제거하고, 굵은소금은 절구를 이용해 곱게 간다.
2 1의 더덕과 수삼의 껍질을 벗겨 2~3cm 미만으로 곱게 채 썰어 소금에 10분간 절인 뒤 물기를 짜서 냄비에 담아 1의 엿기름과 물엿을 조금씩 넣어가며 조린 뒤 차게 식힌다.

3 찹쌀과 기장은 물에 6시간 정도 불려 체에 밭쳐 물기를 없앤 뒤 믹서에 갈거나 빻아 남겨둔 엿기름물(20컵)에 풀어 3시간 정도 두고 삭힌 후 냄비에 넣어 눌어붙지 않도록 저어가며 끓인다.

4 3이 한소끔 끓으면 약불로 졸여 내용물이 2cm 정도 줄어들면 대추, 호두, 엿기름물(5컵)을 믹서에 넣고 곱게 갈아 체에 밭쳐 맑은 물만 붓고, 조청을 넣어 다시 졸인 뒤 차게 식힌다.

5 4의 재료가 차게 식으면 버무림양념 재료와 2의 더덕수삼조림을 함께 넣고 빨갛게 고루 버무려 간을 맞춘 뒤 6시간 정도 재운다.

6 5를 충분히 재운 뒤 엿기름물로 농도를 맞추고 버무려 항아리에 담는다.
   양념이 너무 질면 엿기름물을 조금만 넣어도 돼요.

7 6의 고추장 표면에 재료❸을 골고루 뿌려 단단히 마르게 굳힌다.

8 7의 항아리의 뚜껑을 닫지 말고, 한지에 풀을 먹여 항아리 입구를 봉한 뒤 한 달간 숙성시켜 먹는다.

건강을 선사하는 메주

메주를 만들 때 콩은 상처가 없는 것으로 선택해 12시간 불린 뒤 8시간 삶아 한 김 나가면 빻아 덩어리로 뭉친다. 이 메주를 바람이 있는 그늘에 말려 조금 단단해지면 뜨거운 방에 띄워 말린 후 짚으로 묶어놓으면 곰팡이 균이 고루 퍼진다. 이후에 통풍이 잘되는 그늘에 매달아 말린다.

메주를 만들 때 콩은 효소분해가 잘되도록 무르게 삶는 게 제일 좋다. 덜 삶아진 콩으로 메주를 만들면 장맛이 떨어지고, 콩을 지나치게 삶으면 콩의 단백질이 굉장히 딱딱하게 변하기 때문에 좋지 않다. 콩은 고온에서 단시간에 삶는 것이 가장 좋다.

메주를 띄울 때 겉을 꾸덕꾸덕하게 말리는 이유는 유해한 곰팡이의 번식을 막기 위해서다. 겉이 마르기 전에 곰팡이가 번식을 하면 유해한 곰팡이독이 생길 수 있어 메주의 겉면을 잘 건조시키는 것이 중요하다.

메주를 말릴 때는 온도와 습도에 신경 써야 한다. 곰팡이가 잘 번식할 수 있도록 섭씨 30도의 온도와 습도가 낮은 건조한 곳에서 3일 정도 말려야 완전히 굳는다. 그런 다음 섭씨 35도로 7일 정도 띄우고(발효시키고), 매달아 30일 정도 숙성시키면 메주가 완성된다. 메주가 잘 뜨려면 발효에 좋은 미생물의 번식이 중요하고, 푸른곰팡이가 피지 않도록 잘 건조시키는 것이 중요하다.

권말부록

시간과 건강을 동시에 챙기는 식단 짜기 비법

·

심영순의 사계절 우리밥상 차림표

·

심영순이 즐겨 쓰는 조리 도구 & 요리 양념

시간과 건강을 동시에 챙기는
식단 짜기 비법

재료를 남기거나 버리지 않는 식단 짜기

계획적으로 식단을 짜서 요리하면 영양이 골고루 담긴 밥상을 선사할 수 있지만, 식단을 짜는 것이 생각만큼 쉽지 않지요. 기한이 얼마 남지 않은 식재료가 냉장고에서 불쑥 튀어나오기라도 하면 그것을 빨리 해치워야 하는 일이 다반사이기 때문입니다. 일주일을 기준으로 식단 짜기를 해보면 이런 고민이 사라질지 모릅니다. 식단 짜는 요령만 알면 누구나 손쉽게 남기거나 버리는 재료 없이 건강까지 챙길 수 있을 거예요.

1 식단은 가족 건강과 알뜰한 가정 살림의 기초가 된다

매일매일 다른 밥과 국, 반찬을 하기보다는 일주일치 식단을 짜서 영양도 챙기고 짜임새 있는 지출을 하는 것이 좋다.

2 냉장고 속 남은 재료부터 살핀다

식단을 짜기 전에 가장 먼저 해야 할 일은 바로 냉장고 살피기다. 쓰다 남은 재료는 없는지, 나중에 써야지 하고 남겨놨던 재료는 없는지, 유통기한이 지난 것은 없는지, 조리해둔 음식이 너무 오래되지 않았는지 잘 살펴야 한다. 버릴 것은 버리고, 쓸 만한 남은 재료를 찾았다면 이를 활용해서 알뜰한 식단을 짜보자. 예를 들어 냉동실에 얼려둔 잡채가 있고, 쓰다 남은 배추 속(알배추)을 찾았다면, 여기에 밥만 더해서 잡채밥과 알배추겉절이를 한 끼 식단으로 구성하면 된다.

예시)

일주일 식단을 위한 재료 준비	
냉동실 확인	얼린 육수, 얼린 명절 전, 얼린 명란젓, 얼린 고기(간 것), 데친 나물, 떡국 떡, 마른 멸치, 얼린 떡
냉장실 확인	호박, 파, 당근, 달걀, 김치, 파, 어묵, 장아찌류
실온 보관 재료 확인	국수, 미역, 감자 등
구입할 식재료	두부, 버섯, 국거리 소고기, 닭(2마리), 양파, 콩나물, 고등어, 상추, 돼지고기 목살, 계절과일

일주일 식단								
구입	월	화	수	목	금	토	일
아침	콩나물국, 달걀말이, 멸치볶음, 김	소고기 미역국, 달걀찜	명란 두부찌개, 감자볶음	소고기죽	닭밥	달걀덮밥, 과일샐러드	모듬 떡구이, 과일샐러드
점심	김치볶음밥, 어묵국	떡국	채소볶음밥	버섯덮밥	콩나물밥	호박 잔치국수	떡국 떡 궁중 떡볶이
저녁	감자 고추장찌개, 고등어구이, 나물볶음	닭볶음탕	돼지고기 김치찜	채소모듬전 전골	된장찌개, 두부찜	고등어 김치찜, 당근, 김치, 샐러드	돼지구이, 겉절이

*메인 메뉴를 중심으로 표기하고, 전 끼니의 남은 음식 등을 반찬으로 곁들이거나 늘 있는 밑반찬을 같이 낸다.
*집에서 끼니를 해결하지 않는 날도 있으므로 가족이 다 함께 식사하는 일정을 미리 표기해두면 예시보다 더 간단한 차림을 준비할 수 있다.

3 반드시 제철 재료를 포함시킨다

철마다 필요한 영양 성분을 풍부하게 지니고 있는 절기음식은 봄의 나른함, 여름의 더위, 가을의 기운 없음, 겨울의 추위를 잘 이겨내게 해준다. 이 책의 2부에서는 계절마다 제철 재료를 활용한 밥상 차림을 제안하고 있으니 참고해보자.

식단 짜기 팁

보관이 가능한 조림이나 볶음 요리를 포함시킨다

조림이나 볶음 요리는 2~3일 정도는 냉장 보관이 가능하므로 3가지 정도만 준비해서 1주일 식단을 짤 때 적절하게 넣으면 된다.

바로 해서 먹는 반찬을 포함시킨다

제철 재료로 만든 겉절이나 나물 무침은 바로 해서 먹어야 제맛이므로 신선한 밥상을 위해 바로 해서 먹을 수 있는 것을 2가지 정도 넣는다.

오래 보관이 가능한 장아찌나 젓갈, 장조림 등을 포함시킨다

제철에 나는 재료를 오래도록 먹을 수 있는 방법은 장아찌나 젓갈이다. 제철 재료로 미리 만들어둔 장아찌나 젓갈이 있다면 1주일 식단을 짤 때 반찬 걱정을 덜 수 있다. 또 소고기·달걀 등을 이용한 장조림을 밑반찬으로 준비하면 단백질 보충에도 도움이 된다.

주말에는 단품 별미나 일품 요리로 식단을 다양하게 구성한다

가족들이 한 상에 다 모일 수 있는 주말에는 단품 요리나 일품 요리를 준비한다. 주중에 먹던 반찬류는 식단에 넣지 않는 것이 좋다. 주말에 한 가지 요리에만 힘을 줘도 새롭게 느껴질 수 있다.

조리 시간을 단축하는 요리 시스템 만들기

요리는 시간과의 싸움이지요. 요리를 잘하는 것도 중요하지만 속도가 받쳐주지 않는다면 곤란합니다. 다음의 3가지를 염두에 두고 요리해보세요. 익숙해질 때까지 좌충우돌 경험을 쌓다 보면 나만의 요리 시스템이 만들어질 거예요.

1 미리미리 준비하고 깔끔하게 마무리한다

❶ 미리 준비할 수 있는 재료는 미리미리 해둔다

마늘, 파처럼 요리에 자주 쓰는 재료는 미리 갈거나 썰어서 밀폐용기에 보관하고, 각종 육수도 미리 만들어 보관해두면 요리하는 시간을 절약할 수 있다.

❷ **조리도구는 항상 점검하고, 설거지는 밀리지 말아야 한다**
만약 개수대에 설거지가 잔뜩 쌓여 있다면 요리를 시작하기도 전에 의욕이 사라지게 마련이다. 조리도구도 잘 정돈되어 있지 않다면 요리하는 데 시간이 더 걸리고 요리하는 것이 귀찮게 느껴질 수 있다. 어떤 요리든 마무리는 그때그때 깔끔하게 해두어야 한다.

2 칼질부터 완성해 내기까지 시간은 10~30분 내로 한다

요리 시간이 너무 길어지면 기다리는 사람도 요리하는 사람도 지치게 된다. 밥상에 올릴 요리마다 시간을 잘 분배해야 한다. 밥을 하고 국을 끓이고, 반찬을 서너 가지 만들 때 뭐 하나 너무 빨리되거나 너무 느리게 되는 것 없이 동시에 요리가 끝나야 한다. 국이나 찌개는 미리 완성하면 식어서 맛이 없으며, 반찬도 미리 되면 가장 맛있는 때를 놓칠 수 있다. 따라서 밥상을 차릴 때는 무엇을 먼저 하고 무엇을 나중에 할지를 결정해야 한다.

예시) 30분 만에 차리는 고수의 밥상

밥을 먼저 안치고 → 국의 육수를 올려 끓이고 → 나물을 다듬고 → 국에 들어갈 재료를 썰고 → 국에 재료를 넣고 끓이고 → 나물을 데치고 → 생선을 굽고 → 국에 간을 하고 → 나물을 무치고 → 밥 뜸 들이고 → 밥상 차리기

3 틈새 시간을 적극 활용한다

요리 시간을 줄이려면 각 요리마다의 틈새 시간을 활용하는 것이 좋다. 만약 국을 끓인다고 국에만 매달려 있으면 요리 시간은 가늠할 수 없을 만큼 길어지게 마련이다. 이럴 때는 국에 필요한 육수를 먼저 불에 올려 끓이면서 육수에 들어갈 재료를 준비하고, 재료를 넣고 익는 동안은 함께 먹을 양념장을 준비해야 한다. 밥 뜸 들이는 동안 나물을 무치고 밑반찬을 꺼내는 등의 틈새 시간을 활용하면 요리 시간이 훨씬 단축될 수 있다.

시간과 비용을 줄이는 장 보기 (대형마트&전통시장)

그날그날 필요한 것만 장을 봐서 사용하면 좋겠지만, 시간과 비용적인 측면에서 볼 때 꼭 좋지만은 않습니다. 1주일치 장을 보는 것이 오히려 더 효율적이지요. 대신 한꺼번에 많은 재료를 구입하는 만큼 조금 더 신경 써야겠지요. 장을 볼 때 알아두면 좋은 팁들이 있으니 참고해보세요.

1 제철 채소나 제철 과일은 전통시장에서 구입한다

대량으로 사야 할 제철 채소(배추, 무)나 제철 과일은 전문으로 판매하는 전통시장에서 구입하면 더 신선하고 저렴하게 구입할 수 있다. 특히 제철 채소(곰취, 명이나물, 쑥, 두릅 등) 및 제철 과일(오디, 산딸기, 오미자, 매실 등)은 전통시장에서 신선하게 구입하는 것이 좋다(제철 채소나 과일을 조금씩 사서 장아찌나 청으로 만들어 양념으로 쓰면 좋다).

2 쉽게 상하는 재료는 가까운 슈퍼나 마트에서 구입한다

두부, 파, 콩나물 등 쉽게 무르거나 상할 수 있는 식재료는 가까운 슈퍼마켓에서 구입하는 것이 좋다. 소량만 쓸 때는 가까운 곳을 이용하는 것이 합리적이다.

3 장 볼 때는 다음의 순서를 따른다

❶ 먼저 냉장고를 살핀 후 식단을 짜고 구입할 재료의 목록을 정리한다.
❷ 전통시장에서 사야 할 것과 대형마트에서 살 것들을 따로 정리한다.
❸ 장을 볼 때는 냉동, 냉장용 식품을 제일 마지막에 구입한다. 이런 재료를 처음부터 구입한다면 위생에도 문제가 생길뿐더러 물기가 생겨 다른 식재료에도 좋지 않다.
❹ 육류나 생선류를 구입해야 할 때는 미리 종이나 유산지(물 흡수가 잘되는 종이나 한지)를 준비해서 육류나 생선류를 넣은 비닐봉지를 감싸서 장바구니에 넣는 것이 좋다. 육류나 생선류의 피가 다른 식재료에 닿게 되면 오염될 수 있다.
❺ 대형마트에서 어패류를 살 때는 랩 안쪽에 서리가 있는지 없는지 확인하고 구입하는 것이 좋다. 서리가 낀 것은 얼었다가 녹은 것을 의미한다.

식재료 보관하기

각각의 식재료의 특성에 맞는 보관법만 제대로 알고 있으면 오래도록 맛있게 먹을 수 있고, 버리는 재료 없이 알뜰하게 사용할 수 있지요. 똑똑하게 식재료를 보관해서 맛있는 요리를 만들어보세요.

1 채소류 보관하기

채소는 물에 씻어 보관하지 않고, 다듬기만 한 뒤 하나씩 싸서 보관하고 사용 직전에 물에 씻어 사용한다. 채소를 비닐백에 넣어 냉장 보관할 때는 물기가 없게 하는 것이 중요하다. 물기가 남아 있으면 채소가 쉽게 물러지고 상할 수 있다.

❶ 시금치나 쑥갓 등의 녹색채소는 비닐백에 넣어 잎이 위쪽으로 향하게 세워서 보관하면 오래도록 신선함을 유지할 수 있다.
❷ 파, 양파, 당근, 오이, 호박 등은 그늘지고 통풍이 잘 되는 서늘한 장소에 보관하는 것이 좋지만, 일반적으로 냉장고의 채소칸에 보관하면 좋다. 냉장고에서 보관할 때는 반드시 종이타월을 깔고 비닐백에 넣어 수분 손실을 막아야 한다.
❸ 마늘이나 생강은 다지거나 갈아서 냉장 보관하는데, 양이 많은 경우에는 비닐백에 널찍하게 펴서 냉동시킨다. 필요한 분량만큼 사용할 수 있게 나눠 담는 것이 좋다.
❹ 고사리나 도라지 등의 나물은 깨끗이 손질한 뒤 삶아서 한 번 쓸 분량만 비닐백에 나누어 담아 얼린다.
❺ 우엉은 종이에 싸서 비닐백에 넣어 냉장 보관한다.
❻ 감자나 고구마는 냉장고에 넣지 않고 상온 보관하는 것이 좋다. 한 개씩 종이로 싸거나 종이봉투에 넣어 햇볕이 닿지 않고 서늘하고 통풍이 잘 되는 곳에 보관한다.

2 어패류와 육류 보관하기

생선과 육류는 바로 먹을 것만 냉장 보관하고, 덩어리나 스테이크용의 큼직한 고기는 기름종이에 켜켜이 싸서 김치냉장고에 3~4일 정도 넣어두면 숙성되어 더 연하고 맛있다.

❶ 불고기용 소고기는 미리 양념장에 재워서 한 끼 식사 분량으로 비닐백에 나누어 담아 냉동 보관한다.
❷ 생선은 머리와 꼬리, 내장을 깨끗하게 제거한 뒤 소금에 살짝 절여 냉장 보관한다. 생선의 양이 많을 경우에는 토막 내서 한 끼 분량으로 나누어 비닐백에 넣어 냉동 보관한다.

3 각종 양념과 육수 보관하기

각종 양념과 육수는 미리 한꺼번에 많이 만들어 필요할 때마다 꺼내 써야 하기 때문에 보관 방법이 중요하다.

❶ 양념장은 한꺼번에 많은 양을 만들어서 밀폐용기에 나눠 담아 냉동 보관하고 한두 번 쓸 양만 냉장 보관한다.
❷ 육수는 만들 때 따로 간을 하지 않기 때문에 상하기 쉽다. 꼭 냉동 보관하는 것이 좋고 한두 번 쓸 양만 냉장 보관한다.

심영순의 사계절 우리밥상 차림표

봄 밥상 차림표

구분		밥	국이나 찌개	반찬	김치	장 / 후식
봄 밥상	해물쑥국과 더덕고추장 구이 밥상	기장밥	마와 해물쑥국	더덕고추장구이, 미나리무침, 콩자반	알배추 겉절이	
	주꾸미볶음과 소고기미역국 밥상	백미밥	소고기 미역국	주꾸미볶음, 달걀찜, 달래더덕무침	고들빼기 김치	김구이
	조개쑥국과 돼지고기구이 밥상	잡곡밥	조개쑥국	돼지고기구이, 취나물들깨볶음, 마늘장아찌	맑은 홍백김치	
	두릅나물과 차돌된장찌개 밥상	백미밥	차돌 된장찌개	삼치조림, 두릅나물, 깻잎순절임무침	배추김치	
	방풍나물과 소불고기 밥상	검은콩밥	두부 콩나물국	소불고기, 방풍나물무침, 생새우젓갈 (새우육젓), 보리굴비무침	열무김치	상추쌈, 쌈장
	봄나물 장아찌와 청국장 밥상	보리밥	청국장찌개	두릅장아찌, 깻잎장아찌, 곰취 장아찌, 달래무침		
	보양 잉어찜 밥상	현미밥		잉어찜, 조개젓갈, 오이무침 (된장, 고추장)	열무물김치	
봄 별미	비빔밥 밥상	비빔밥	아욱국		나박김치	화전
	잔치국수 밥상	잔치국수			배추김치	양념장, 콩찰편
	해물과 봄나물 전골 밥상	잡곡밥	해물과 봄나물전골	고추장멸치볶음	오이소박이 물김치	

여름 밥상 차림표

구분		밥	국이나 찌개	반찬	김치	장 / 후식
여름 밥상	깻잎순나물과 호박전 밥상	백미밥	콩나물 김치국	호박전, 깻잎순나물, 무나물, 낙지젓갈		
	열무김치와 닭고기냉채 밥상	보리밥	배춧국	닭고기냉채, 멸치볶음	열무김치	약고추장
	차돌박이와 꽈리고추 푹조림 밥상	완두콩밥	버섯국	차돌박이와 꽈리고추 푹조림, 통통가지무침, 멍게젓갈	배추김치	
	두부찜과 고등어김치찌개 밥상	호랑이콩밥	고등어 김치찌개	두부찜, 쑥갓나물, 삶은명란젓무침	오이소박이 물김치	
	새우젓호박국과 양념장어조림 밥상	녹두밥	새우젓 호박국	양념장어조림, 연근조림, 도라지무침	오이김치	
	메밀국수와 초계탕 밥상	메밀국수	초계탕		배추겉절이	
	김치녹두전과 도토리묵밥 밥상	도토리묵밥		김치녹두전		양념장
여름 별미	종자냉국수 밥상	종자냉국수			수박김치	
	갈비탕 밥상	백미밥	갈비탕		섞박지	
	계반 밥상	계반			깍두기	양념장, 알로에셰이크, 과일샐러드

가을 밥상 차림표

구분		밥	국이나 찌개	반찬	김치	장 / 후식
가을 밥상	육전과 우거지찌개 밥상	백미밥	우거지찌개	육전, 호박새우젓볶음	깍두기	
	감자찌개와 떡갈비 밥상	잡곡밥	감자찌개	떡갈비, 오이똑똑이, 갓장아찌	총각무김치	
	홍합초와 보양추어탕 밥상	현미수수밥	보양 추어탕	홍합초, 김실파무침	갓김치	
	소고기파국과 두부조림 밥상	고구마 감자밥	소고기 파국	두부조림, 돌미나리무침, 연근장아찌	가지소박이	
	시금치된장국과 돼지고기김치찜 밥상	죽순밥	시금치 된장국	돼지고기김치찜, 홍새우볶음, 마늘쫑조림	무말랭이 겉절이	
	삼색나물과 갈비찜조림 밥상	백미밥	소고기 무탕국	갈비찜조림, 삼색나물(고사리, 도라지, 시금치나물)	장김치	송편
	도미생선 홍찜 밥상	현미밥		도미생선홍찜, 낙지젓갈	배추김치	
가을 별미	호박죽 밥상	호박죽			백김치	두텁경단
	곤드레밥 밥상	곤드레밥		꽁치구이, 꽁치양념구이, 호박나물	총각무 물김치	양념장
	궁중떡볶이 밥상	궁중떡볶이	갖은전골		배추김치	

겨울 밥상 차림표

구분		밥	국이나 찌개	반찬	김치	장 / 후식
겨울 밥상	맑은호박두부국과 대하구이 밥상	오약반	맑은호박두부국	대하구이, 뱅어포구이	맑은홍백김치	
	굴구이와 콩나물밥 밥상	콩나물밥	감자국	굴구이, 매실장아찌	부추김치	양념장
	새우전과 육개장 밥상	백미밥	육개장	새우전, 우엉채조림	백김치	누룽지
	황탯국과 꼬막무침 밥상	팥밥	황탯국	꼬막무침, 장조림, 김구이	배추김치	
	순두부찌개와 편육깻잎쌈 밥상	현미밥	순두부찌개	편육깻잎쌈, 숙주나물, 새우육젓	고추물김치	
	묵은나물과 오곡밥 밥상	오곡밥		묵은나물, 호두견과류조림		
	고기콩쌈장과 두부양배추쌈 밥상	현미밥		두부양배추쌈	아이깍두기	고기콩쌈장
겨울 별미	김치밥 밥상	김치밥			백보쌈김치	양념장
	대추밤죽 밥상	대추밤죽			동치미	
	단팥죽 밥상	단팥죽			나박김치	녹두현미 견과류떡

특별한 날을 위한 밥상 차림표

구분	밥	국이나 찌개	반찬	김치	장 / 후식
아이 생일 밥상	달걀말이밥	소고기 미역국	닭봉조림, 떡갈비, 오이똑똑이, 궁중떡볶이	아이깍두기	
어버이날 밥상	잡곡밥	조개쑥국	갈치구이무조림, 가지튀김무침, 돼지고기구이, 취나물들깨볶음, 마늘장아찌, 오이똑똑이, 도라지나물, 명란젓	맑은 홍백김치	
크리스마스 뷔페			대하냉채, 잡채, 소고기찹쌀구이와 오이겉절이, 갖은월과채, 주꾸미볶음	맑은 홍백김치	
피크닉 도시락	오곡밥과 달걀말이밥		콩자반, 차돌박이와 꽈리고추 풋조림, 장조림, 깻잎장아찌	무말랭이 겉절이	

심영순이 즐겨 쓰는 조리 도구

1 돌솥
돌솥의 표면이 스테인리스로 된 것도 있어 가정에서 사용하기 좋다. 돌솥에 밥을 하면 더 맛있다.

2 절구
통깨나 마늘, 생강 등을 빻거나 찧을 때 사용한다.

3 고기망치
육류처럼 단단한 조직을 두드려 부드럽게 할 때 사용한다. 산적이나 너비아니와 같은 고기 요리에 많이 사용한다.

4 칼
칼은 잘 드는 것이 좋지만, 나에게 맞는 칼을 고르는 것이 더 중요하다(손잡이를 잡을 때의 느낌과 무게가 중요하다).

5 도마
도마는 위생이 특히 중요하다. 채소류, 육류, 생선류 등 용도에 맞게 구별해서 쓰면 위생에 좋다. 만약 나무도마를 사용한다면 사용 후 잘 씻어 물기를 없애고, 햇볕에 말려 살균한다.

6 면포
찜기를 사용할 때나 재료의 즙을 낼 때, 물기를 짤 때, 육수를 거를 때 유용하다. 주로 면 소재의 이불 안감이나 얇은 면, 소창을 사용한다.

7 필러
감자, 고구마, 당근 등의 껍질을 벗기는 데 사용한다. 또한 샐러드를 만들 때 얇게 썬 재료들이 필요할 때 사용하면 편리하다.

8 면주머니
면포처럼 즙이나 물기를 짤 때 사용되는데, 주머니처럼 사방이 막혀 있어 내용물이 새어 나갈 염려가 없어 더 편리하다.

9 채반
재료를 씻거나 데치거나 한 후 물기를 뺄 때 사용한다.

10 밀폐용기
재료나 요리를 보관할 때 사용한다. 장기간 보관할 때는 냉동 보관이 가능한 밀폐용기를 사용한다.

11 마스킹테이프
밀폐용기에 요리를 만든 날짜와 요리명을 써두면 냉장고에 보관하고 꺼낼 때 용이하다. 재료가 든 밀폐용기에도 날짜와 사용기한을 써두면 열어보지 않고도 내용물과 기한을 알 수 있다.

12 네임펜
마스킹테이프에 요리명과 날짜를 쓸 때 사용한다. 볼펜으로 잘 써지지 않는 테이프 같은 곳에 사용하면 좋다.

심영순이 즐겨 쓰는 요리 양념

향신장

간장에 각종 향신채와 소고기를 우려내고 꿀과 조청으로 은은한 단맛과 감칠맛을 내어 모든 요리에 어울린다.

향신즙

마늘, 배, 무, 양파, 생강 등의 혼합 농축액으로 요리 재료의 밑간이나 갖은 양념으로 사용한다.

향신유

현미유에 각종 향신채를 넣고 끓인 기름으로 느끼함이 적고 은은한 향이 음식의 맛과 향을 살린다.

소고기국간장

국간장에 소고기 육수를 첨가해 염도가 낮다. 국이나 요리에 간을 맞출 때 사용하면 감칠맛을 더해준다.

굴소스

해물맛이 풍부해 볶음이나 조림 요리에 알맞으며 간장 양념에 조금 섞어서 쓰면 좋다.

아이맛있는비빔간장

채소와 과즙을 넣어 만든 아이 간장이다. 나물무침이나 볶음, 조림 등의 요리에 사용하면 좋다.

아이맛있는국물간장

염도가 낮아 아이가 먹을 국물의 간을 맞추거나 죽을 먹을 때 곁들이는 간장으로 좋다.

고추기름

고추만 우려낸 것이 아니라 채소를 함께 우려내 맛이 매콤하면서도 고소하다.

김현철 황토소금

황토옹기에 천일염을 넣어 구워 만든 소금으로 미네랄이 풍부하고 염도가 낮다. 국이나 무침에 간을 하면 감칠맛이 난다.

한살림 볶은소금

200℃의 저온에서 40분간 볶아 만든 소금으로 미네랄의 함량이 높다. 김치를 담을 때 2차 절임용 소금으로도 손색이 없다.

쿠엔즈버킷 참기름·들기름

높은 온도에서 짜지 않은 맑은 기름으로 향과 맛이 깨끗해서 재료 본연의 향이 살아 있다.

빛깔찬 고춧가루

다른 고춧가루보다 단맛과 감칠맛이 나서 음식의 색과 맛을 좋게 한다.

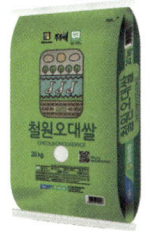

철원 오대쌀

쌀 알갱이의 크기가 적당하고, 밥을 지으면 식감과 찰기가 알맞아 밥맛이 좋다.

찾아보기

ㄱ

가지소박이 243
가지튀김무침 216
간단 초간장 33
간편동치미 248
간편어육장 269
갈비찜조림 154
갈비탕 125
갈치구이무조림 217
감자국 181
감자찌개 139
갓김치 241
갓은월과채 223
갓은전골 171
건어물채소육수 27
검은콩밥 19
겨자초장 40
계반 128
고구마감자밥 23
고기기본재움양념 41
고기콩쌈장 199
고들빼기김치 235
고등어김치찌개 110
고운소금 31
고추기름 38
고추물김치 251
고추장 270
고춧가루 37
곤드레밥 166
곰취장아찌 261
과일샐러드 129
굴구이 181
굵은소금 30
궁중떡볶이 170
기장밥 19
김실파무침 143

김치녹두전 121
김치밥 201
깍두기 238
깻잎순나물 99
깻잎순절임무침 73
깻잎장아찌 258
꼬막무침 189
꽁치구이 167
꽃소금 31

ㄴ

나물 간장 33
나박김치 250
녹두밥 20
녹두현미견과류떡 207

ㄷ

다시마육수 29
다진 양념 38
단촛물 42
단팥죽 206
달걀말이밥 212
달걀찜 65
달래더덕무침 65
달래무침 81
닭고기냉채 101
닭봉조림 213
대추밤죽 203
대하구이 176
대하냉채 220
더덕고추장 270
더덕고추장구이 60
도라지무침 115
도미생선홍찜 159
도토리묵밥 120

돌미나리무침 147
돼지고기구이 68
돼지고기김치찜 150
된장 268
두릅나물 73
두릅장아찌 260
두부양배추쌈 199
두부조림 146
두부찜 109
두부콩나물국 75
두텁경단 163
떡갈비 138

ㅁ

마늘장아찌 259
마늘종조림 151
마와 해물쑥국 59
맑은호박두부국 177
맑은홍백김치 249
매실장아찌 262
매실즙 43
멍게젓갈 265
메이플시럽 43
멸치볶음 103
멸치육수 28
무나물 99
무말랭이겉절이 231
묵은나물 196
미나리무침 61

ㅂ

방풍나물무침 77
배추겉절이 230
배추김치 232
배춧국 102

백김치 245
백미밥 19
백보쌈김치 254
뱅어포구이 177
버섯국 107
버섯육수 29
보리밥 21
보양추어탕 142
부추김치 236
비빔밥 86

ㅅ
삶은명란젓무침 111
삼색나물(고사리, 도라지, 시금치나물) 156, 157
삼치조림 72
상추쌈과 달걀쌈장 77
새우전 185
새우젓호박국 113
생새우젓갈(새우·육젓) 263
섞박지 240
소고기무탕국 155
소고기미역국 63
소고기육수 28
소고기찹쌀구이와 오이겉절이 222
소고기파국 147
소금물 42
소불고기 76
송편 157
수박김치 253
숙주나물 193
순두부찌개 193
시금치된장국 150
쑥갓나물 111

ㅇ
아욱국 87
아이깍두기 239
알로에셰이크 129
약고추장 103

양념장어조림 114
연근조림 115
열무김치 234
열무물김치 244
오곡밥 22
오약반 23
오이김치 242
오이똑똑이 139
오이소박이물김치 246
완두콩밥 20
우거지찌개 134
우엉채조림 185
육개장 184
육전 135
잉어찜 83

ㅈ
잔치국수 90
잡곡밥 21
잡채 221
장김치 252
장조림 188
조개쑥국 69
조개젓갈 264
종자냉국수 123
주꾸미볶음 64
죽순밥 149
진간장 32
집간장 268
집청 40

ㅊ
차돌된장찌개 71
차돌박이와 꽈리고추 푹조림 106
찹쌀풀 41
채소육수 26
천일염(호렴) 30
청국장찌개 80
청장(집간장, 국간장) 32
초계탕 117

총각김치 237
총각무물김치 247
취나물들깨볶음 69

ㅋ
콩나물김치국 98
콩나물밥 180
콩자반 61
콩찰편 91

ㅌ
통통가지무침 107

ㅍ
파인주스 43
팥밥 20
편육깻잎쌈 192
포도주 43

ㅎ
해물과 봄나물전골 93
해물기본재움양념 41
향신물 42
향신유 36
향신장 35
향신즙 34
현미밥 22
현미수수밥 22
호두견과류조림 197
호랑이콩밥 21
호박나물 167
호박새우젓볶음 135
호박장 269
호박전 97
호박죽 162
홍새우볶음 151
홍합초 143
화전 87
황탯국 189

촬영에 사용한 그릇 목록

광주요 www.kwangjuyo.com

101, 106, 123, 196, 206, 212, 213, 220, 221, 237, 239

김남희 blog.naver.com/single_gi

116, 117, 121, 125(받침그릇), 128, 129(과일샐러드), 135, 138, 146, 147, 149, 154, 155, 156, 159, 163, 166, 167(호박나물), 199, 207, 251, 252

이세용 www.seyonglee.com

59, 60, 61, 63, 64, 65, 71, 75, 76, 77, 80, 81, 86(밥·종지), 87(아욱국), 90, 91, 102, 103, 113, 143(김실파무침), 150(시금치된장국), 151, 154(테이블매트), 167(꽁치구이), 170, 181(굴구이), 230, 234, 258, 260, 261, 263

심영순 소장품

68, 69, 72, 83, 86(나물접시), 93, 97, 98, 99, 107, 109, 110(광주요), 111(광주요), 114, 115, 134, 176, 177, 181(감자국), 192, 193(숙주나물), 197, 217, 231, 235, 236, 238, 242, 243, 246, 247, 249, 250, 253, 254, 259, 262

심영순의 사계절 우리밥상
최고의 대가가 알려주는 제대로 된 한식 만들기

초판 1쇄   2018년 2월 20일
초판 11쇄   2022년 2월 18일

지은이 심영순

발행인 문태진
본부장 서금선

기획·진행 CASA LIBRO
사진 강진주(아오스튜디오 www.aostudio.co.kr)
푸드스타일링 김상영, 이빛나리, 장연지(noda+쿠킹스튜디오, 02-3444-9634)
디자인 행복한물고기HappyFish
도움 심영순요리연구원 장나겸, 나베S&F(www.navesnf.co.kr) 장윤정, 최매화, 왕원근
그릇 협찬 광주요, 김남희, 이세용

기획편집팀 한성수 임은선 박은영 허문선 이보람 송현경 박지영
마케팅팀 김동준 이재성 문무현 김혜민 김은지 이선호 조용환 박수현
디자인팀 김현철   **저작권팀** 정선주
경영지원팀 노강희 윤현성 정헌준 조샘 최지은 조희연 김기현 이하늘
강연팀 장진항 조은빛 강유정 신유리 김수연

펴낸곳 ㈜인플루엔셜
출판신고 2012년 5월 18일 제300-2012-1043호
주소 (06619) 서울특별시 서초구 서초대로 398 BnK디지털타워 11층
전화 02)720-1034(기획편집) 02)720-1027(마케팅) 02)720-1042(강연섭외)
팩스 02)720-1043 전자우편 books@influential.co.kr
홈페이지 www.influential.co.kr

ⓒ 심영순, 2018

ISBN 979-11-86560-63-1 13590

- 이 책은 저작권법에 따라 보호받는 저작물이므로 무단 전재와 무단 복제를 금하며, 이 책 내용의 전부 또는 일부를 이용하려면 반드시 저작권자와 ㈜인플루엔셜의 서면 동의를 받아야 합니다.
- 잘못된 책은 구입처에서 바꿔 드립니다.
- 책값은 뒤표지에 있습니다.
- ㈜인플루엔셜은 세상에 영향력 있는 지혜를 전달하고자 합니다. 참신한 아이디어와 원고가 있으신 분은 연락처와 함께 letter@influential.co.kr로 보내주세요. 지혜를 더하는 일에 함께하겠습니다.

인플루엔셜 '대가의 지혜'

믿은 것은 실력, 가진 것은 마음뿐! 삶을 귀하게 만든 인생 비결을 말하다

명망가의 딸과 며느리들이 요리보다 더 귀담아 들었던
'옥수동 심 선생'의 77년 인생 내공

심영순 지음 | 336쪽 | 15,000원

"저희 집안사람들이 선생님께 배운 것은 요리뿐만 아니라
아내로서, 엄마로서, 며느리로서 알아야 할 인생 수업이기도 했습니다."
- 현정은 (현대그룹 회장)

"모든 음식은 먹는 이에 대한 마음이 우선이고, 그 정성이 결국 맛을 만든다는 믿음,
그 타협 없는 믿음을 이 책에서 또 한번 발견하게 됩니다."
- 김소희 (킴 코호트 오너셰프, 올리브TV〈마스터 셰프 코리아〉등 출연)

〈한식대첩〉
〈옥수동 수제자〉
출연

심영순
생애 첫 에세이

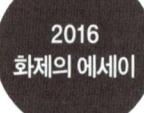
2016
화제의 에세이

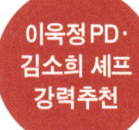
이욱정 PD ·
김소희 셰프
강력추천

'대가의 지혜'는 이 시대의 거장들로부터 삶의 열정과 지혜를 배우는 인플루엔셜의 기획 시리즈입니다.